·上海视觉艺术学院播音与主持艺术专业教材

·上海市教委高层次文化艺术人才工作室"方舟白宾播音主持工作室"项目成果

主持人
提问艺术

主　编　栾洪金　白　宾
副主编　方　舟

上海三联书店

播音与主持艺术专业"十四五"规划教材
编委会

目　录

第三章
提问的质量

第四章
提问的准备

第五章
提问的实施

第六章

提问的策略

引言：主持人为什么要学会提问？

主持人伴随着中国广播电视的发展应运而生。几十年来，借助于广播电视以及互联网、新媒体的飞速发展，这个群体从无到有，迅速发展壮大，成为许多年轻人努力奋斗的目标。

改革开放初期，我国还只有北京广播学院（中国传媒大学的前身）和浙江广播专科学校（浙江传媒学院的前身）两所大学设有培养播音主持人才的专业。随着广播电视的快速发展，主持人的市场需求逐步加大，培养播音主持人才的大学也快速增加。各艺术类大学纷纷开办播音主持专业，许多综合类大学也加入到竞争队伍中。经过最近十多年的快速发展，每年毕业生达上万人。

长期的播音主持专业实践证明，播音主持专业人才的语言专业技能大致包括三个方面：播读能力、讲述能力和提问能力。播读能力是对文字稿件进行有声语言再创作的能力，这方面有老一辈的播音艺术家和理论家耕耘多年，理论体系比较完善，教学成果非常显著。讲述能力指的是在没有完备的文字稿件或只有腹稿的情况下，播音主持的语言创作能力。大致有对场景的描述、对事件的叙述、对新闻的评述等等。这方面训练水平参差不齐，理论体系有待完善，对学生的培养还有很大的提升空间。提问能力指的是主持人在面对提问对象的时候，用巧妙的方法提出合适的问题，使节目更精彩，使受众收益最大化的能力。这方面的专业教学做得还不够，这也是本书尝试解决的问题。

主持人的提问能力是主持人的价值体现，也是主持人必备的专业素养之一。

在广播电视的日常节目中,有相当一部分是以谈话的形式呈现的。在很多的新闻资讯节目中,除了播放新闻片和口播新闻之外,主持人也时常请嘉宾对相关信息作出点评,主持人的主要任务也是在提问。主持人问得好,嘉宾的回答会比较精彩、听众观众会听得比较明白、节目就会更加精彩。

可能有人会说,提问不就是采访吗? 这是记者的一项主要技能,让记者做不就行了吗? 当然,主持人的提问和记者的提问有很多相同之处,主持人完全应该从记者的采访技巧中汲取提问的经验。尤其是在直播节目中,记者现场的提问也是直接播出的,在这样的场景下,记者的作用和主持人的作用是非常类似的。但主持人的提问和记者的提问又有不同之处。

首先,主持人在直播节目中所提的问题和嘉宾的回答都无法再次经过文字的转化和加工,是直接播出的,无法剪接和做后期处理。即使是录播形式,为了提高工作效率,也经常是按直播状态进行,以节目成品的要求完成的。所以,主持人的访谈就是完成一篇最终的作品,主持人的提问过程类似于一篇文章的写作过程。先问什么、后问什么、前后问题的逻辑关系是什么、如何过渡、如何收尾等等,都应当像写文章一样注意起承转合,做好周密的部署。

其次,主持人是在一档节目中起到掌控作用的人,尤其是直播节目的主持人,更是承担着采访、编辑、把关等多重责任,所提的问题是不是受众特别关心的,嘉宾的回答受众是否能听懂,提问后节目的氛围是否合适,所提问题是否过于敏感等等,都必须考虑完备。

主持人学会提问、善于提问、巧于提问将使节目质量大大提升。

第一,学会提问,主持人在节目中并不用说很多话。

有人可能会问,主持人在节目中不就是说话吗? 说话少,主持人的作用不就小了吗? 主持人是在一个节目中说话或者露脸的、对整个节目的进程起到主导或掌控作用的人,衡量他(她)作用的大小,不应该是说话的多少,而应当是节目的优劣。如果一个主持人在节目中说了很多的话,但是嘉宾的作用没能很好发挥出来,节目做得不好,那就不是一个好的主持人。反之,主持人在节目中虽然话不多,但是提问到位,很好地激发了嘉宾的谈话欲,信息量大,节目精彩,那就是一个优秀的主持人。

第二,善于提问,嘉宾就会说得更精彩。

在不同的节目中,主持人会面对不同的提问对象。有的是专家学者,有的是政府官员;有明星名人,也有普通百姓;有的经验丰富、口若悬河,也有的性格内向、拘谨紧张。针对不同的提问对象,主持人应当采取不同的提问策略。如果策略失当,嘉宾的回答可能就不理想。

一般情况之下,对一些性格比较内向、在演播室里拘谨或紧张的提问对象,主持人的提问可以和缓一些,像聊家常那样消除他们的紧张情绪,让他们说出自己的故事,或者集中在自己最熟悉的领域。而对一些专家和官员等能力很强的人,提问的时候可以比较尖锐一些,挑战性强一些,这可能激发起他们的斗志,做出精彩的回答。善于针对不同的提问对象采取不同的、适当的策略,嘉宾的回答就会很精彩。

第三,巧于提问,受众就会受益更多。

现在的视频和音频节目都针对不同的收看收听对象进行分类,自媒体节目更是有自己的粉丝群体。电台和电视台的节目虽然定位没有那么细,但是不同的群体想了解的是什么? 想得到的是什么资讯? 主持人一定要了解得很清楚,有的放矢地巧于提出相应的问题请嘉宾回答,这样,节目的受众才会受益良多。

第四,会提问,才能打造一档好节目。

这方面最典型的例子可能就是《实话实说》节目了。《实话实说》1996年开播,火了十几年。如今,《实话实说》节目已经停播10多年了,当时《实话实说》做过些什么内容,有哪些嘉宾上过这个节目,这些可能我们都已经记不清楚了,但主持人精彩的主持,尤其是他幽默、风趣、机智的提问方式却深深地留在了我们的记忆中。

伏尔泰说:"判断一个人的能力,不是看他如何回答,而是看他如何发问。"提问是一门科学,更是一门艺术。它是衡量主持人逻辑思维、判断能力、洞察能力、临场反应能力和即兴表达能力的重要标尺。主持人的提问能力,彰显了与外界互动质量的高低,是主持人综合能力的全面释放。主持人善于提问,会让节目更精彩,更有价值,更具吸引力、传播力和影响力,受众会受益更多。提问能力是主持人最重要的能力之一,也是主持人培养中最重要的课题之一。

本书会同多位知名主持人、资深媒体人,利用集体的经验和智慧,将从提问的原则、提问的种类、提问的质量、提问的准备、提问的实施、提问的策略六个方面,从理论到实践,从案例分析到思考练习,深入探讨主持人提问艺术的提升之路。

第一章

提问的原则

提问,是一个很笼统的概念,有课堂上老师对学生的提问,有企业管理者面试求职者的提问,有顾客对商家关于产品功能、价格、服务流程的提问,也有路人之间"吃了吗?""去哪了?"这种随机而发、不用动脑的提问……而本书所指的提问,是以节目为导向的采访、对话中主持人对受访者的提问。

这样的提问发生在一个特定环境中,有明确的沟通目的,明确的沟通思路,有严格的时间限制,严格的内容框架,也有很强的舆论导向和社会影响。这是一个将谈话聚集在有限问题点上寻求突破并递进深入的过程,也是一个以提问为线索将许多相关信息串联出来、构筑成为一篇具有启发性、思考性作品的过程。

这样的一种提问,对发问者有着极高的要求,对所提问题也有着极严的限定。不管是对于提问者的表现,还是对于所问问题的界定,这样的提问都必须满足一揽子的条件,符合一揽子的原则,下面我们就来一一论述这些必须要遵循的提问的原则。

1 紧紧围绕节目主题

演播室里主持人的提问,和记者的提问是有很大不同的。我们经常会看到新闻发言人举行的记者接待会,这样的会议上,记者提问的主题往往是不确定的。问题可能有关政治、经济、外交、文化、生活等等,各方面的新闻事件都可能被提到。但演播室就不一样了。一般而言,这档节目会有固定的播出时间,固定的演播室,固定的收视群体,固定的风格,每期都会有一个主题,主持人在这档节目中提出的问题,都应该紧紧围绕这个主题。如果嘉宾在回答问题时偏离了主题,主持人也应当用各种方法再把谈话拉回到主题中来。

为什么一档节目要有一个明确的主题、主持人的提问都要紧紧围绕这个主题呢? 这和目前专业频道定位、节目定位是密切相关的。现在的电台、电视台多数以专业作为划分频道的依据,体育频道、财经频道、少儿频道、影视剧频道、音乐频道、娱乐频道……各做各的专业内容,各自有各自的细分受众群。地方卫视一般都是综合性频道,但每一档细分节目的定位和主题也是相当明确的。在每一档主题明确的节目中,你所请的嘉宾都是和这个主题密切相关的,你的受众也是冲着这个主题来收听或收看的。

比如,上海广播电视台的第一财经电视频道,也做过日本东京大地震这类非财经主题的相关演播室采访,在当时的情况下,地震当中最触目惊心的都是自然现象的画面,比如房屋倒塌、人员伤亡、海啸危害等等。这些当然要进行评述,嘉宾当中一定也会有地震方面的专家和新闻评论员。但是,对一个专业财经频道来说,财经方面的评述一定是必不可少的,而且应当是占有很大篇幅的。由于定位于对财经感兴趣的观众群,所以请的嘉宾主要还是财经方面的专家,讨论的主要话题也不是分析地震对日本生活的影响,日本如何抗震救灾,而是地震对世界经济、全球股市、亚洲金融市场乃至中国经济和相关行业、公司、股票市场的影响。

当然,主题也可以细分为各种类型,有的是事件主题,有的是政策主题,也有的是人物主题,但提问永远都是围绕特定主题的。

比如,当下大众比较关注的碳达峰和碳中和,从新闻角度来说,问题围绕的是国家战略、节能减排、环保政策、百姓生活,而从财经角度来说,问题围绕的是绿色金融、碳交易、ESG、碳中和概念股。比如,《中华人民共和国国民经济和社会发展第十四个五年规划和2035年远景目标纲要》发布,新闻角度来说,问题是围绕政治、经济、外交、民生、社会、文化、科技等方方面面,而从财经角度来说,问题应当紧紧围绕"十四五"规划当中的金融"十四五"规划部分对金融行业的重大影响。

就是金融行业,具体到财经节目分类来说,还要再进一步细分,它包括银行业、保险业、信托业、证券业和租赁业等等。仅仅这样还不够,节目还需要再细分,证券行业来说,有股市类节目、期货类节目。再细分下去,股市类节目又分为 A 股、港股、美股等不同市场方向的节目,公司与行业分析、大盘分析、宏观分析等不同角度的节目,嘉宾身份来自监管部门、金融机构、中介、个人等等,都需要围绕嘉宾身份和内容主题来提问。一旦谈话偏离了这个主题,大部分的受众就对这些内容不感兴趣了,因为大家是来收看财经节目的,是来了解和自己投资收益、和自己口袋里的钱相关的资讯和评论,如果要看新闻评论,那肯定选新闻频道了,如果是娱乐消遣,就看娱乐频道了。

2 做好充分的准备

在提问之前要做好充分的准备,这是不言而喻的。你的时间是宝贵的,受访对象的时间是宝贵的,观众的时间也是宝贵的。谁也不想为那些拙劣的、低质量的、无聊的问题浪费时间。提问前不思考、不做充分准备的主持人,其实就是浪费别人的时间。

提问之前的准备,分为广义的准备和狭义的准备两个部分。

广义的准备,是提问者素质和能力的准备。这是一项长期的准备工作,一方面是要培养发现问题的敏感性,另一方面要不断积累经验和有针对性地训练。

提到广义的准备,那我们要先思考:媒体存在的意义是什么?就我们理解来看,一是传播信息,二是提供交流的平台,三是带给受众愉悦、温馨、欣慰等情感的满足。而往更高的层面来解释,我们用主持人白岩松的话说:媒体人就像是航行在大海上的帆船的瞭望哨,其职责是观察并报告前方的真实情形,并通过很强的观察、分析和预见能力,找到变化后面所隐藏的那些具有规律性、趋势性的“本质”的东西。

传播学理论告诉我们,媒体的记者和编辑是信息的“守门人”,记者把守第一道门,提供原材料,编辑“炒菜当大厨”,把守第二道大门,他们会对庞大的信息做筛选和整理的工作,是他们最终决定了什么样的信息能进入传播的环节。现在的广播电视等视频、音频节目中,因为很多直播节目、准直播节目的存在,提问的主持人常常也扮演了“守门人”的角色,守的是最后一道大门。因此,主持人的社会责任感、思想境界、价值取向、甚至兴趣爱好都会对信息筛选产生重要的影响,主持人的素质对于受众能否获得真实的信息至关重要。

　　1993 年 3 月 25 日，上海电台《市民与社会》策划了一期主题为"淮海路上的梧桐树该不该拔?"的节目。当时，上海的南京路已经进行了比较大规模的商业改造，道路两旁商家的霓虹灯广告更加鲜艳夺目，销售收入也大大提高。于是淮海路所在的卢湾区（现黄浦区）也提出了改造规划，规划中有了拔掉高大的梧桐树以提高霓虹灯商业效果的设想。而不少上海市民尤其是住在淮海路附近的老百姓对此非常反感。他们对淮海路的特色梧桐树感情很深，认为梧桐树给居民提供了绿荫，也是淮海路的特色景观，绝不应该拔掉。主持人白宾为了让两种意见得到充分的展现，既请到了代表政府规划意见的卢湾区园林学会会长宋培忠，也请到了《新闻报》记者葛颂茂，他们基本代表了两种不同的意见。白宾在提问的时候，给两方面都有充分表达意见的机会。同时，许多听众在讨论中力陈反对拔树的理由。这个选题连续做了两期节目，区机关、园林部门和数十万听众收听了这场讨论。不久，在听取广大民情之后，这项拔树计划被合理地改变了。

上海电台《市民与社会》节目开办于 1992 年 10 月 26 日，这是上海地区第一个有听众电话参与的主持人直播的新闻类谈话节目。节目每期选择一个市民关注的话题，邀请党政领导、专家学者到电台直播室当嘉宾，同打电话进来的市民，以及收音机旁的广大听众相互对话、共同讨论。上海市政府的市长、副市长，各委办局负责人，区、县长们都乐意应邀到这个节目的直播室，与市民们对话交流。这种"空中谈话"以其广泛的群众参与性和恰当的舆论导向性，具有很大的吸引力和影响力，至今仍然显示着强大的生命力。

　　现在，在广播电视等媒体中，这一类的谈话节目还有很多。在直播类的谈话节目中，节目主持人往往扮演着最后的"守门人"的角色。主持人能否站在公正客观的地位引导各方面平等交流，对于沟通的成效是非常重要的。如何让各方面都能够充分表达自己的意见，是主持人在提问时需要充分考虑的。高度的社会责任感和思想境界，正确的价值取向，以及发现问题的能力、应变能力、广阔的视野、广博的知识是主持人必备的素质和能力。

当今时代,媒体变得越来越专业,出现了很多专业频道和细分的节目。比如上海广播电视台财经频道、体育频道这种专业频道的划分,法制节目、科学节目、古诗词大会、成语大会这种细分的节目,对主持人专业背景的要求更高。我们知道,记者都是有自己长期跟踪的条线的,他们对条线上的消息、人脉、政策、专业知识非常熟悉。那对主持人来说也是,很难想象一个没有经济学、金融学知识背景的主持人可以做好一档财经节目,如果没有专业知识,对话者会被采访对象牵着鼻子走,因为他说什么你都不懂,没法作出自己的判断,也没法问出相应的问题。所以,我们认为,主持人对某几个方面有专门的研究是有必要的,这样的研究需要达到类似发烧友或票友的地步,要超出普通受众很多,成为某一领域的专家型主持人,这也是广义准备中一项重要的内容。

狭义的准备,则是我们都知道的,对话采访前的各项准备工作。

曾采访过邓小平的意大利著名女记者奥琳埃娜,在每一次采访之前都要像学生准备大考一样,准备几个星期甚至一两年。凤凰卫视主持人陈鲁豫,在接受《南方都市报》采访时谈到:"我的工作方法是:阅读大量有关被访者的资料,沉浸在他(她)的世界里,和工作人员商量提问的重点,事先绝不和嘉宾见面,保持新鲜感,不准备提纲,但开场白一定要想好,它将决定谈话的基调和气氛。"而二十余年致力于《杨澜访谈录》的杨澜曾说:"我一直认为,在采访和沟通中固然需要临场应变与发挥,但事先扎实的'功课'才是真正靠谱的朋友。简单做过一个统计,每次专访前,我都要阅读十万到二十万字的书籍和资料,以期对受访者和他所在的专业领域有基本的了解。有时,看一本书并不保证能够产生一个好问题,但起码让我避免了十个愚蠢的问题。"

采访前的各种准备工作,是主持人提出好问题的前提。

▶▶▶(来源:bilibili 独家《丞相来了》(唐国强老师访谈))

安蕾尔:所以现在你们(指唐国强和之前对话提到的董骥)还联系吗?

唐国强:他已经去世好几年了。

主持人没有充分了解采访中会提到的人物,连对方已经去世了也不知道,问出了让双方都尴尬的问题。

主持人董倩说,在一次关于中国电信的节目中,她去采访国务院发展研究中心市场经济所的副所长陈怀,她问中国电信为什么会双向收费?陈怀当时套上了一个领带,一边整一边说,我建议你回去好好准备一下再来问我好吧。当时董倩听了心里很不是滋味,觉得受侮辱了,伤了自尊。从那次经历后,她知道了如果不做充分的案头工作,不对这个问题有充分了解的话,就不要去采访专家。

狭义的准备还牵涉许多相关的内容和技巧,我们将在后文专门论述。

3 提受众关心的问题

受众需求,是我们做任何内容生产的根本出发点和落脚点。主持人提问也必须首先考虑受众需求。

一本好书,首先必须对读者有吸引力。一个好的商品,一定是能满足使用者的某种需求,解决某个痛点。那作为一档节目,也应当是为自己定位的目标受众服务的。所以,节目必须得讲受众关心的问题,不然的话,受众很快就换台了。以前的电视机没有遥控器,电视台的数量也不多,观众调到一个台之后,还会保持一段时间。自从电视遥控器发明以后,加上电视台的数量急剧增加和网络节目的大爆炸,观众决定一个台看不看一般只花几秒钟时间,而如今,随着移动媒体的兴起,用户连遥控器也不需要了,换节目只需手指一划,与自己不相关的或是不感兴趣的内容会马上放弃,所以,我们节目的内容一定要是受众所关心的问题。

那么,什么才是受众关心的问题呢?上海人民广播电台《市民与社会》节目的主创人员在 1992 年节目开创之初,就达成这样的共识:选择的话题应当是近期老百姓热议的、甚至是当天早上公交车上大家集中讨论的热点。主持人所问的问题,也应当是老百姓最想知道的问题,是要替他们问出来,说出来。这些问题主要涉及以下几个方面。

✓　对国家和社会的重要性;

✓　与百姓生活的接近性;

✓　对有争议观点讨论的必要性;

√ 所讨论话题的实用性。

我们可以列举一下当时《市民与社会》的部分选题：

> 如何确保冬春交通高峰公交先行
>
> 礼券现象利弊谈
>
> 如何关心知青回城子女的学习、工作和生活
>
> 虹口中心医院医疗事故引发的医风医德讨论
>
> 企业实行模糊工资好不好
>
> 为什么现代家庭越来越需要钟点工料理家务
>
> 住房制度改革专题之一：住房解困的前景谈
>
> 住房制度改革专题之一：住房解困的方向谈
>
> 本市西洋参制品市场检查结果说明了什么
>
> ……

从这些选题来看，基本上是围绕老百姓的衣、食、住、行这些关系到每个人的话题，这些话题即使放到现在，也同样是大家非常关心的。

▶▶▶（来源：2006 年 5 月 25 日《决策者说》——《楼继伟：3.8 万亿怎么花》）

白岩松：有请楼部长，您好。楼部长，老百姓一看到您来了，可能都关心这样几个问题，去年一共财政收入是 31 600 亿，但是分成中央跟地方的，中央有 16 000 多亿，是不是今年都要花了？

楼继伟：去年都要花了，而且还不够，还要赤字，赤字还有 3 000 亿，所以中央支出要 20 000 亿左右。

白岩松：另外老百姓肯定也关心，这钱都花了，咱留不留点富余，比如说有的时候可能一年会遇到一些很特殊的情况，像 2003 年咱们就遇到了"非典"，还会遇到一些出乎我们预料的事情，要不要打富余？

楼继伟：因为财政收入是一个流量，每年的预算中要留一个预备费。

白岩松：留的这个预备费的比例大吗？

楼继伟：按《预算法》的规定是不超过全部支出的 3%，我们去年留了 100 亿人民币。

白岩松：最后够了？

楼继伟：够了。

……

白岩松：今天您能不能用大家听得懂的话介绍一下预算管理体制改革的问题？

楼继伟：我们的改革从内容看这么几项，我们实行部门预算，一个部门要有一本预算，我们过去每个部门没有一个完整的预算，它是一项一项的支出项目，一项项批的，一个部门有一本预算，这样保证资金使用的可比性、有效性，不是说谁能批到钱谁能花钱，首先部里就要平衡，要保证那些国家和部里主要的政策方向能得到保证，当然这里也使得和预算相关的那些人员减少它的自由裁量权，自由裁量权不受制约意味着腐败，这是我们进行了部门预算。我们还实行收支两条线，所谓收支两条线不是指税收部分，是指行政事业性收费，还有罚没收入，不能直接和这个单位的支出挂钩，我们叫收支两条线，是过去作为预算外的这些收入也纳入预算。

白岩松：比如说警察罚钱现在越罚越多，但不是当成它的支出，单列。

楼继伟：对，因为现在的办法是划卡的，直接到银行，银行和国库连在一起，就直接进地方国库了，不在中央，直收直罚的这些警察都是地方管理的警察，公安部没有这样的，直接就进入地方国库了，所以跟他来说，不是直接进入他这个派出所，或者是公安局的哪个账户，首先从制度上它不容易做。

白岩松：他就不用再给这些警察安排罚款指标了。

楼继伟：应该是这样的，但是在预算管理上是不是某种机制又绕回来了我不知道，我们要求是不能绕的。

白岩松：这也是改革的一个方面。

楼继伟：这是改革，就是说我们实行了部门预算和收支两条线，在预算分配上，我们把它分成了基本支出和项目支出，基本支出就是一个机关运转的经费，需要经费，就按客观因素一算就完了，项目支出就是说你履行你的职能，这个部门履行职能，要分出类来，一般针对国务院给的部门确定职能和国家确定它的重点任务，由部门编出预算，我们要根据这些预算进行审核,所以预算首先方法上就比较科学,同时我们进行国库的集中收付。

白岩松:从我这儿拿钱,从我这儿支出去。

楼继伟:对,我就是一个预算单位,你就是财政部,我从你那儿拿钱,从你那儿支,而不是你把钱拨给我,我去支。

……

这是白岩松在《决策者说》节目中对时任财政部副部长楼继伟的采访,主要内容涉及当年的财政预算以及财政部推进的部门预算管理改革,其实这方面内容是关乎整个民生的,但是,这些数字和政策措施对普通老百姓来说一是不敏感,二是技术性、专业性、学术性太强,如果提问角度和提问方式过于死板,就会让老百姓觉得和自己切身生活相关度不大。

在这些纷繁复杂的数字和改革措施当中,白岩松从普通老百姓的视角出发,所选择的每一个问题,都是和百姓生活相关的,而且反复强调这样的字眼,"老百姓一看到您来了,可能都关心这样几个问题""另外,老百姓肯定也关心……"同时,用人们最容易理解的日常语言来提问政策:"是不是今年都要花了?这钱都花了,咱留不留点富余?"对于专业性术语,比如提到国库的集中支付,白岩松形象的补充:"从我这儿拿钱,从我这儿出去。"从百姓身边看得见、摸得着的小事来理解国家大事,激发了观看者的兴趣和关注度。

4 提采访对象最想说、最熟悉、最有资格回答的问题

有效的沟通,不是哪壶不开提哪壶,而是哪壶开了提哪壶。

一般来说,我们请到节目中来的嘉宾都是某一方面的行家、专家。有的对某一专业倾注了毕生的心血,有很多独家的研究成果;有的长期从事某一方面的职业,具有丰富的实践经验和理论素养;有的是负责某一方面工作的领导,对相关工作的历史、现状和未来了如指掌;有的是一线的亲历者和重大事件的见证者,对事件有深刻的认识;有的是各行各业的明星,成绩卓著,人气旺盛。这些优秀才俊的思想和言谈,受众一般都非常感兴趣。而主持人大多都固定在某一档栏目中,有的是周播节目,有的是日播节目,隔三差

五出现在受众们的视野中，不可能每次都有很多新鲜的、出彩的东西提供给受众，而嘉宾是经常更换的，让他们多说一点，可以使得每期节目都让受众有新的收获。

对于主持人来说，提问对象的选择是节目成功的前提条件之一。你要讨论和分析某一个话题时，请到了和这一话题相关度最高、业内最知名的专家，你的节目就成功了一大半。

选好了提问对象，那么你提出的问题就应该是只有让这个采访对象来回答才最为合适的问题。对方对这个问题不熟悉，不在自己的认知范畴，就没有深入的思考和自己的观点，为了避免冷场，就只能说一些"正确的废话"来敷衍，而且这些内容绝大多数观众也都知道，节目就没有意义，浪费了这么好的嘉宾。

2021年5月31日，首批9只公募REITs正式面向公众投资者发售，投资者认购火爆，6月21日，我国首批公募REITs上市交易……作为股票、债券之外的第三大类资产配置渠道，REITs究竟是什么？公募REITs如何投资？第一财经《秒懂金融》节目以直播的形式，采访了首批公募Reits产品的主导参与人——国泰君安资管结构金融部业务总监苏瑞。

因为嘉宾是REITs方面的专家，所以全部的问题都是围绕嘉宾的专业和身份特点展开，同时，因为节目定位是财经科普节目，以传播财经知识、投资者教育为宗旨，所以节目从不涉及对未来市场预判的问题。

▶▶▶（来源：第一财经金融科普类网络节目——《秒懂金融》）

√ REITs的概念

什么是REITs？为什么最后一个字母是小写？

REITs分为哪几种类型？都是如何运作的？收入来源是什么？

REITs最早源自哪里？在海外市场发展情况如何？规模如何？投资者关注度如何？回报率有多少？

投资REITs的收益，是不是和投资房地产的收益差不多？

REITs是固收类还是权益类？和股票类似还是和债券类似？

国内是什么时候有REITs的？我们首批的公募REITs是谁来管理的？投资方向是什么？投资的基础设施都包括哪些？

国泰君安资管作为全国首批公募基础设施 REITs——华安张江光大园封闭式基础设施证券投资基金的重要参与方,在这当中扮演了什么角色? 在整个产品的诞生过程中,做了哪些努力?

√ REITs 怎么投资?

私募 REITs 和公募 REITs 有什么不同?

公募 REITs 可以从哪几种渠道投资?

投资公募 REITs 需要具备什么条件? 投资门槛高吗? 一般是机构投资者多还是个人投资者多?

公募 REITs 可以随时卖出吗?

REITs 可以像股票一样炒作吗?

REITs 也会像其他基金一样分红吗? 保本吗?

公募 REITs 投资有什么策略? 如何选标的?

个人投资者需要去做投研吗? 怎么做投研? 怎么去关注那些项目?

√ REITs 的风险

REITs 的市场表现会受到哪些因素的影响?

投资 REITs 的风险有哪些?

公募 REITs 的封闭期为 20 年到 99 年不等,为什么有这么长的封闭期?

REITs 管理人的调仓会影响收益吗?

您认为未来公募 REITs 的发行节奏会如何? 发展方向会是什么样的? 投资机会在哪里?

在这次将近一个小时的对话当中,因为问题内容符合嘉宾长期研究的方向,嘉宾回答显得游刃有余,围绕这些专业性极强的问题,把 REITs 的方方面面介绍得非常清楚,观众也通过这次科普,了解了 REITs 的来龙去脉和投资方法,也包括 REITs 的风险。可以说是非常成功的一次采访。如果主持人问嘉宾:股市大盘怎么看? 今年的投资机会在哪里? 如何进行资产配置? 这些与嘉宾身份不符的问题,那肯定是南辕北辙。

5 提问宜简洁、具体、深刻、自然

在普通的谈话中，对话者的话题形成具有随意性，有大量的客套和闲聊，有时候也有很多无聊的废话，也允许长时间的沉默、中断，但是，在特定环境的提问中，问题宜简洁、具体、深刻、自然。

2018 年 3 月 13 日，全国两会"部长通道"开启。有一位穿红衣服的女记者在记者会上获得提问机会，展开了提问。这样的场合时间非常宝贵，大家很迫切想听到的都是部长们说些什么，背后的含义是什么。可是，这位红衣服的女记者的提问居然花了一分多钟，其中半分多钟都是毫无意义的铺垫。这段极其不自然、不简洁的提问，引起了同样处在转播镜头里的一位穿蓝衣服女记者的极大反感，忍无可忍地白了她一眼。这个"白眼"在网上迅速发酵，成了一个热议的话题。

尽管穿蓝衣服的女记者公众场合翻白眼不雅，但是网友对她的行为仍然是充满了同情，对红衣女记者说一大堆废话，占着镜头拼命表现自己的行为都充满了反感。当一个记者拿着话筒对采访对象说了很多话，长篇大论，想要好好表达一下自己的看法，说完后再把录音笔或话筒对准采访对象时，对方反而来一句"你刚刚问的什么？我不太记得了"，那就很尴尬了。所以不管是记者还是主持人，提问题的时候一定要注意简洁。

托尔斯泰说过："人的智慧越是深奥，其表达想法的语言越简单"。一首古诗，一句广告语，寥寥数字就能表达丰富的内涵。话在于精而不在于多，最会提问的主持人，往往都是语言简洁明了的人，简洁才能把握语言的精髓。口才差的人，才会喋喋不休，抓不住重点。提问简洁是一种智慧，要保证让对方在最短时间内明白自己的意思，确保提问的高效、高质量。提问时的表达要遵循"言简而意丰，言简而意准，言简而意新"的原则。

至于什么是简洁、具体、深刻、自然，水均益的观点是，主持人的话应该有内容、有资讯、有兴奋点，用强烈的东西抓住观众。白岩松认为，由一个普通的记者向优秀的新闻节目主持人过渡，最重要的是如何让自己的提问在编辑时不被轻易删掉，同时你的提问是节目中必备的线索和脉络，再一个就是提问题的思考角度要新。王志给出的答案更具体，他说，以视频方式呈现的对话大都是有字幕的，在后期制作的时候有个排字幕的环节，每一行字幕的容量有限,一般是 14 个汉字以内,如果问题总是超出字幕容量,中间"咔嚓"一下断句了,观众可能就看不明白这句话究竟说的是什么了。

同时,提问也要科学,尊重客观规律。

我们经常看到一些问题,让大家在两个极端当中做选择。比如说,到底是多运动有利于长寿,还是不运动有利于长寿? 为了保护膝关节,应当多走楼梯还是不走楼梯? 孩子们冬天应当多穿一点衣服,还是少穿一点衣服更有利于健康? 以上的问题比较容易引起大家的争论。但其实并不科学。因为不管哪种选择都是错的。过度的运动或过度的不动,都不利于健康,适度的运动才有利于长寿。

对股市的提问也是这样。有的主持人喜欢问嘉宾:"你明确地告诉我,下周 A 股市场到底是会涨还是会跌? 不要含含糊糊。"这样的提问老百姓很喜欢听到,但这样的提问是会误导观众的。因为这样的提问给了观众一个暗示:股市的涨跌就像每年冬至在几月几号的几点几分那样可以准确预测。只不过因为我们不是天文学家,没法儿预测冬至在什么时候。我们不是股评家,也没法预测股市的涨跌。而天文学家就能预测冬至在何时出现,股评家也应该能够预测股指的涨跌,而且应该能预测涨到什么点位或跌到什么点位,就像天文学家能预测冬至是在几点几分出现一样。如果股民被这种提问思路误导,投资会变得更加糟糕,这种节目还不如不看。

6 提问应真诚、客观、不带个人情绪

节目主持人向嘉宾提问的时候,学识背景和技巧方法固然非常重要,但更重要的还是客观、真诚,不能带有主持人的个人情绪,这样我们才能从提问对象那里得到更多的准确信息和真知灼见。

近日,网上出现了一段采访《亮剑》节目中饰演李云龙的李幼斌的视频,视频中,主持人问到了娱乐圈中的一些乱象,李幼斌毫不避讳谈及了自己的看法,之后,主持人从演员台词、娘炮文化等问题对李幼斌提问,在提问过程中似乎一直在诱导李幼斌去对他们进行批判,可李幼斌对于当今的小鲜肉、流量明星却没有过多言语上的批评。不少网友对于该主持人的专业素养提出了诸多质疑,认为主持人是在刻意给李

幼斌进行"刨坑"式提问。

情感理由,不应该成为一个主持人接受或拒绝一个观点的主要依据,也不应该是提问的主要目的。提问是不能预设答案的。即便你心里很不赞成对方的做法,也应当让被提问者有充分的表达机会。如果主持人在提问过程中,事先已经有感情倾向和主观色彩,然后强迫或诱导受访者顺从你的观点,按照你的观点去表述,就得不到事实的真相,失去了访谈本身的意义。

▶▶▶(来源:编辑整理自《新闻调查》节目以及主持人的自述)

很多年前,一次"虐猫事件"在网络上引起了轩然大波,一个穿着高跟鞋的女子踩死猫的全过程,在网络上以视频和图片的方式出现,引起了网民强烈的义愤和声讨。施暴者和拍视频者都被"人肉",让人意料之外的是,踩死猫咪的"高跟鞋"是一名护士。

该节目主持人采访虐猫事件中的王女士,通过对其同事、领导的外围采访和疏通工作,王女士终于同意与主持人见面。主持人应对方要求陪她吃饭,以女人的方式聊天、唱卡拉 OK,帮助对方缓解紧张情绪和压抑的精神状态,直到深夜,对方说:"我不是坏人,我不是故意的"此时主持人并不急于采访,先留她在宾馆休息,第二天受到感动的她托朋友来说,愿意接受采访。

主持人:你为什么要面带微笑?(指的是踩猫的时候)。

王女士:我笑了吗?

主持人:你是说你都没觉察到自己脸上带着笑容?

王女士:是。

主持人:你在发泄什么?

王女士:仇恨,动物只是替代品。

主持人:怎么踩是他们给你的指令吗?

王女士:不是。

主持人:那为什么要选择踩它的眼睛呢?

王女士:我不想回答。

主持人:那你当时听到那只猫的叫声了吗?

王女士:"你不要问了。"

在虐猫事件发酵之后，有几十家媒体找过王女士，但她始终没有露面。一个新闻节目，能够做到让被万千网民唾骂的采访对象面对镜头，开口说话，很大程度上归功于主持人在采访整个过程前后的真诚、客观、不带个人情绪。特别在难点、痛点、疑点的挖掘上，主持人把尊重人性放在了第一位。采访中，关于当时细节的诘问虽然令采访对象很痛苦，但是帮助她"对内心做了清洗"。节目播出三天后，王女士给主持人发来短信称："很安慰，因为你对我很公平。"

7　善于发现谈话中的闪光点

我们经常和众多年轻主持人一起交流主持的经验和心得，谈谈心里话。在交流过程中我们发现了一个严重的问题：很多主持人在访谈过程中，有时对采访对象所说的内容听得并不那么仔细。

也许有人问，怎么会呢？我们看到节目直播中主持人和嘉宾一直在聊啊，看上去"相谈甚欢"，不听人说话怎么能聊下去呢？其实，主持人在直播当中，都是戴着耳机的，戴耳机的作用是可以随时与责编和导播沟通，在导控室里的责编和导播有任何的问题和要求，主持人都能听到，另外，在播放短片和广告的时候，主持人声音是不切出去的，在这个间隙主持人也可以和责编、导播、摄像以及现场的嘉宾沟通。所以，主持人相当于各方信息集成汇总的一个枢纽，各方信息先输入给主持人，然后再通过主持人输出，如果经验不足的主持人，有时也会顾此失彼。为了节目的播出安全，主持人需要倍加关注来自耳机里责编和导播的说话内容，现场嘉宾说什么，有时可能听得不那么仔细，有时心有余而力不足，这是主持人的经验和能力水平问题。

还有一种情况是主持人的职业素养问题。有的主持人甘于充当"发问机器"的角色，不管对方回答什么，只要按照编辑预先给他准备好的问题，看着提示器，例行公事一样一个个问下去，问题问完，节目结束，完成任务。相反，还有一类主持人想要充当"发问达人"的角色，非常在意自己每一个问题的所谓"深度""角度""内行度"，于是在嘉宾回答的过程中，脑中全是在想下一个问题该怎么提，怎么提更精彩，嘉宾说什么根本就没有在听，甚至有的主持人还没有等嘉宾话说完，就打断对方，提下一个问题。

其实，虽然我们这本书研究提问，但我们的观点绝不是为了提问而提问,不是要主持人表演提问,不是要让你的受众感觉到你的问题提得多么精彩,这个主持人多么会提问,要知道,提问不是最终目的,最终目的是要让你的提问对象说出他动人的故事或者是精辟的观点,让对方精彩,让节目精彩。

你没有认真听对方在说什么,怎么能真正和对方有深度交流?如此这样,问和答是两张皮,从表面上看着你们两个人聊得很顺畅,聊了很长时间,实际上都不在一个频道。

所以,提问的前提,是听。

意大利经济学家和社会学家帕累托指出,在任何特定群体中,重要的因素通常只占20%,而其他次要因素占80%,即二八原则。因此,掌握20%的重点,就能控制全局。这一原则同样适用于主持人与受访者的交谈。也就是说,主持人用80%的时间倾听,20%的时间提问,是非常合理的时间分配。

那么,什么叫听呢?这个问题显得有点多余,但是,在主持人提问里所说的听,确与平时我们说的听不一样。这里的听,指的是"聆听"与"倾听"。

聆听,指集中精力认真地听,指虔诚而认真地听取,带有尊敬的色彩。

倾听,多用放低姿态、耐心地听,如"民情""意见""心声""呼声"。

对于专家学者、长辈教诲,主持人要聆听;对于百姓呼声、民情建议,主持人要倾听。

听,是一种态度,也是一种功力,是积累了一定的主持经验,达到了一定的境界才能做到的。听的第一层面是你要去听别人说话,第二层面是你要听得懂别人说话。它不只是用耳,还必须用心,用脑。是在沟融中理解对方的感情和内心的真正需要,要求我们调动所有的感官、感情和智力,是整个身心协调配合的过程。

善于"聆听"与"倾听",也不是提一个问题之后,一直无动于衷地听着,不停地发出"嗯""是"这样无意义的声音。一旦发现采访对象离开主题了,应当及时把话题拉回来。采访对象说得激动的时候,提问者应当有适度的呼应。如果谈到的一些话题受众不容易理解,还应当让被采访者做一些解释或是主持人自己做一些归纳和软化。如果对方的有些观点明显地有问题,提问者也应当及时地作出反应,提出质疑。

8 注意与采访对象的互动

刚才我们说了善于倾听,其实要形成一种双向有效的沟通,要"听、说、问"三者合一,与采访对象形成互动。说,是内心观点向外界的释放;听,是收集,是综合他人思想的渠道;问,则是意见的交换。

曾经有一家著名的公司在面试员工时,会让 10 个应聘者在一个空荡的会议室里一起做一个小游戏,主考官就在旁边看着,很多应聘者在这个时候都感到不知所措。

如果你是其中的一员,你会怎么做呢?

主考官不在乎你说的是什么,也不在乎你说的是否正确,而是在看你这三种行为是否都出现,并且这三种行为是有一定比例出现的。如果一个人要表现自己,他的话会非常多,始终在喋喋不休,这个人将是最先被淘汰的。如果你坐在那儿只是听,不说也不问,那么,也将很快被淘汰。只有在游戏的过程中你说,你听,同时会问,这样才会被留下。

在采访当中也是这样的道理。只有倾听是不够的,只问问题也是不够的,要把"听、说、问"三者合一,保持适当的比例,才能与受访者形成互动。我们总结了四个原则:认真倾听、适当追问、呼应和质疑、情感的互动。

采访对象大多都是我们请过来的专家,当他们发表了一些有真知灼见的观点,对我们很有启发的时候,我们应该由衷地表示赞美。一般情况下,人在两种状态之下愿意积极表达自己的观点:一种是遇到知音的时候,还有一种是面对挑战的时候。最不愿意讲话的是对方爱理不理的时候。所以由衷赞美对方的一些真知灼见,往往能够使对方认为在这方面你是他的知音,可以最大限度地激发人们表达自我的欲望,从而让他发表更多的研究成果和研究心得。当然,赞美一要符合实际,二要留有余地,如果太过分了,会显得谄媚,引起受众的反感。

采访对象说到一些事情的时候,提问者也要适时见缝插针,或补充一些信息,或发表一点认识和感想,形成与嘉宾的互动。

白宾在上海人民广播电台担任主持人的时候,有一次在《市民与社会》节目中采访上海市政府副秘书长陈正兴,陈正兴说:"有的时候我也骑自行车。有一次在淮海路骑自行车,人家都(闯红灯)过去了,我还停在那,闯红灯的人还回头朝我看了看,不知道我怎么想的。"白宾适时地插话说:"有时候还觉得你挡道了。"

插话一般都不长,也一定不能很长,很长就相当于打断了对方的话。这样的插话虽然只是一句,但让采访者和被采访者在"不闯红灯"这一点上达成了共识,是对嘉宾的肯定,有利于谈话的进行。

如果提问的时候涉及一些悲情的故事,或者有趣的事情,那采访者更应当适时地向被采访者表达情感的共鸣,形成共情,有助于节目的顺利进行,有助于更好地吸引受众。

▶▶▶（来源：《可凡倾听》采访邓紫棋）

邓紫棋：我小时候对外婆非常尊敬,但是,也会有时候发脾气,反正有经历过一段时间,好几年,非常叛逆,外婆会给我写信。

曹可凡：她在信里跟你说点什么？

邓紫棋：就说曾经是怎么怎么样,我那封信现在还收着,外婆手写的三页纸,里面就说外婆也很心痛,看到你什么什么,就是会看到人哭的那种信。她给我的鼓励是那种即使我现在非常叛逆,我当时可能也不觉得自己很叛逆,只是觉得同学们大家全都是这样。

曹可凡：我长大了,我可以有自己的权利、自己的思维来决定我自己要做的事。

邓紫棋：对,是这样,但是你看完之后还是会觉得很愧疚,就觉得我不乖什么的。

曹可凡：那次你飞回来看她,是不是外婆会特别开心？

邓紫棋：那一次我飞回来看她的时候,外婆已经在医院里边,然后我到医院她的床位旁边的时候,她还在睡觉,我记得我把一叠歌词拿出来开始背,背到一半,外婆醒了。她看着我,她是这样的一个表情,哟你怎么在了,她是这样的,她都不知道我来了,她是这样的一个非常开心的状态。但是她明明就在病床上面,很虚弱的那种状态。

曹可凡：所以你给她注入了一个能量。你好像写过一首歌叫《不存在的存在》是写给外婆的对吗？

邓紫棋：对。

这段对话里,主持人曹可凡除了提问之外,也有两句插话:"我长大了,我可以有自己的权利、自己的思维来决定我自己要做的事。""所以你给她注入了一个能量"。这两句插话都不长,但是起到的作用一个是嘉宾情感的总结,一个是主持人内心情感的表达,两个作用合二为一,与嘉宾形成共情。

9 创建良好的氛围

创建良好的氛围,这条原则也很容易理解。主持人对话的过程,其实是主持人向被采访者获取知识、信息、素材的过程,而被采访者接受采访的动机、接受采访时的状态却是各不相同的,在这种情况下,对受访者提出过高的要求显然是不合乎情理的,主持人要努力营造一个让受访者有表达欲的"场",让被采访从"要我说"变为"我要说"。

主持人的交流和大多数交流沟通的"场"都不同,它被牢牢限定在演播室的灯光镜头之下,在演播室的一方空间之内,这是一个"访问场",这个"访问场"就相当于主持人的主场,作为自己的主场,主持人要有"主人翁"的意识,讲究"待客之道",比如,演播室里主持人一般都是穿着西装的,夏天空调开得很足,如果嘉宾进来只穿了件衬衣,可能就会感觉到冷。主持人如果关切地问一句冷不冷,然后让工作人员调节一下空调,嘉宾心里就会觉得很温暖。同时,主持人也要努力营造一个和谐的对话氛围,才能聊出"聊效"。良好的氛围都包括哪些呢?

建立信任感——让采访对象产生信任感,忽略是在进行采访的事实,使采访的过程犹如两个好朋友在聊天。

当主持人采访遇到困难,尤其是遇到比较内向的采访对象,且理解和表达能力较差的情况时,主持人一定要有耐心,切不可表露出急躁、不耐烦的态度,而是要努力增强他们的自信心,创造自然、轻松、亲切的谈话氛围,以消除其接受采访时的紧张感。这种情况下特别要注意开头的几个问题,提问要具体,并以轻言细语帮助对方思考、回忆和表达。使他们的注意力离开演播室,离开摄像机镜头,转移到他熟悉的内容上。

打开谈兴——打开被采访者需要沟通交流的欲望,激发对方的谈兴。

要打开受访人的话匣子,主持人除熟悉对方的情况之外,提问宜小不宜大,要小中见大。找到对方擅长的话题,不断询问对方的看法。寻找相似的兴趣爱好,表达相似的语言和动作,只要多用赞许和鼓励的眼神,展现出真心的笑容。不论什么人一般都会很快进入状态,并滔滔不绝。

给对方充分的空间——自己少说,对方多说,不要企图压倒对方。

有些专家过分强调批判性原则,特别是在有些强势性批判原则中,主持人往往坚持自己的某些原则,而反对嘉宾的观点。假如你的问题具有强烈的威胁性,对方将采取防卫的措施,往往很难沟通。特别是一开始就提出一些具有强烈攻击性的问题,可能就会造成冷场,被采访者不愿意畅所欲言,即使提问者感觉压倒了对方,但是沟通的目的是失败的,受众是不满意的。

在对话时,不要总是输出自己的观点,尽量少用"我""我想""我以为"这些的字眼,多使用"我们""您""大家""朋友们""让我们一起来……"这类的词句,学会给受访者更多的空间,给受众思考的空间。

节目主持人在节目当中提问的嘉宾,很多都是各方面的权威,各行各业的成功人士,有时候也请各级领导和官员,比如《市民与社会》节目,省长和市长也纷纷进入直播间。美国前总统克林顿访华,知道中国有这样一档和听众直接对话的节目,也兴致勃勃地进入直播间,与上海人民广播电台的听众进行了近一个小时的空中对话。这些嘉宾有的成就斐然,有的学识渊博,有着很高的社会地位。但是对我们主持人来说,必须坚持平等的交流原则,必须是不卑不亢地向他们提问或者与他们对话,因为我们的身后是千千万万的听众和观众,我们应当是代表着受众提问或交流的。

节目中有时候也会请一些普通老百姓做嘉宾,如农民、清洁工,听他们说说身边事,或者听听他们的心声。这时候主持人的姿态也应当是平等的,切忌高人一等。即使采访的是流浪者、拾荒者,甚至犯人时,也绝不能是居高临下,颐指气使的态度。

同样,社会责任感与人文关怀,也是主持人提问的重要原则。无论任何问题,必须经得住社会责任与人文关怀的考量,一旦提问会伤害当事人的合法权益、个人感受或殃及其生活状态时,本着人文关怀原则,宁可放弃可能产生轰动效应的选题或人选,这是职业道德问题。

1999年5月8日,我驻南联盟使馆被炸,第二天,有位主持人在电话采访邵云环烈士儿子曹磊时,反反复复在"你什么时候知道妈妈遇难消息的?""你没有怀疑过妈妈工作单位的消息有误吗?""你知道今天是什么日子? 今天是母亲节,您真的意识到妈妈已离开人世到另一个地方去了吗?""你难过吗?"这些问题上纠缠,让人听来无异于往曹磊伤口上撒盐,再加上不断推进的主持人并无泪光却左顾右盼的眼部大特写,直到问出"你哭了吗? 小朋友"。

这段采访不得不让人怀疑主持人此举就是想赚取曹磊痛哭失声的轰动效应,不管主持人有没有这样的心态,但是这种补刀式的提问,违背了人文关怀的原则,犯了主持人的大忌。

《看见》栏目播出过一期西安音乐学院大三学生药家鑫撞人并刺死伤者的节目,节目进行到 2 分 16 秒,柴静正采访受害者张妙的父亲张平选时,隔壁忽然传来张妙母亲的一阵号啕大哭。她示意摄像师留在原地,不要拍摄。采访戛然而止。进屋后,柴静把手搭在张妙母亲的手臂上。这个行为在网络上颇受争议,但却是"人文"之举。她示意摄像师中断拍摄,进屋安慰张母,实际上是在将受害者的伤害降到最低的情况下并给予抚慰,展现出了一个采访者具备的人文素养和人性中的真善美。用《看见》制片人李伦的话说:"央视十年,以前她锋芒、灵动,强调现场的激烈感,在《看见》,她变得更宽厚了。"而这里的"宽厚",是对采访对象给予的最大的人文关怀。尊重人,理解人,这也是一个采访者最重要的素质之一。

在媒体飞速发展的今天,传媒的竞争实际是受众注意力的竞争,主持人的提问的优劣与价值导向,决定了媒体能否创作生产出更贴近受众需要、质量更好、风格更佳的传播作品,在这个演化过程中,主持人在提问当中正确处置媒体立场、百姓需要及个人思考三者的平衡尤为重要。以上几项原则,是主持人提问的前提条件和基本原则,也是一档节目生存发展的基石,需要认真地去考量和把握。

思 考 题

1. 为什么说提问是一个主持人综合素质的体现?

2. 提问时需要注意哪些原则？

3. 作为一个善于提问的主持人，都需要做哪些准备？请你制订一个准备计划。

第二章

提问的种类

客观事物的分类都是对现实状况的抽象化和集约化的归纳总结,但由于现实客观世界的高度模糊性,实际上无论如何也无法让分类做到类目彼此间的边界完全清晰分明,毫无重合,对于提问的分类亦是如此。接下来我们就试着从提问的内容要素和提问方式两个维度对主持人提问进行分类。

1 按照提问的内容要素分类

(1)围绕时间要素提问——过去、现在、未来。由眼前观察到的事实引出对过去和未来的提问。

在大多数访谈中,最为常用的提问结构之一,就是按照时间顺序进行的。无论是人物访谈中,提问者对嘉宾从幼年、童年、青年、中年、老年的生命历程抑或是职业轨迹的探究,还是在专题访谈中对于某个事件发生、发展、转折、结局的梳理,最为简单直接的提问方式就是以时间要素为基础进行提问布局。这样的提问方式由于脉络明确清晰、符合思维习惯,更容易让被采访者产生有条理的表达,易于唤起嘉宾的记忆线索,让嘉宾进入自我发现、自我袒露的积极应答状态,让后续提问者的引导变得水到渠成,轻而易举。

▶▶▶(来源:《东方眼》)

主持人:你看飞机上现在多乱,又抽烟又打架什么的,为什么(上世纪)50年代坐飞机就没这事?

朱可辛(吉祥航空机长):我觉得最重要的一点就是现在我们对自己的权利,我们现在谈得更多的是自己的权利、自己的自由,我放包放在这个行李架的自由,我坐这个位置我要把它调得很舒服的自由(……)

主持人:人吃五谷杂粮嘛,是吧,都会有情绪,所以情绪不好的时候在飞机上抽根烟对稳定情绪是特别有好处的。

赵唤(吉祥航空乘务长):抽烟当然不可以。

主持人:以前坐飞机就可以,50年代就让抽,还发呢。

朱可辛(吉祥航空机长):确实,崔老师说得没错,我们国家在1982年之前是可以抽烟的,飞机上都可以抽烟。但是我们在1982年出了一次空难(……)

主持人在这段提问中,紧紧抓住了20世纪50年代这一时间线索,对当时的民航状态与"又抽烟又打架"这一近期发生的旅客冲突事件进行比较,让乘务长对此进行解释。乘务长先是表明了当下公民的权利意识不断增强,对于民航的服务要求有了提升,随即主持人紧抓不放,继续提示,换做20世纪50年代飞机上抽根烟消消气也就好了,进一步引出当时飞机上是允许抽烟的而现在民航飞机上是不允许抽烟这个事实,间接表明当前民航工作者也需要利用更为高超的服务技巧处理旅客的不满情绪,凸显当今民航工作的不易。另外继续引出为什么飞机上不再允许抽烟,是因为一场由于吸烟引发的事故,导致我国全面禁止在飞机上吸烟,再一次印证民用航空工作者为了保障旅客的生命财产安全,在防范工作上积极吸取经验教训,织牢安全之网,才能有如今我国民航业持续健康发展的良好势头。

由这个案例可以看出,时间要素提问的方式,也不是简单机械地按照时间顺序提问,用这种"一开始怎么样?后来呢?然后呢?最后呢?"这种苍白的提问方式,而是蕴含了丰富的提问技巧,这段提问就是主持人从现在新闻事件引出对既往经验的提问,通过对比反思,但最终还是落于对当下的影响。

▶▶▶(来源:《杨澜访谈录》)

杨澜:现在你做戏剧是活跃在第一线的非常受人关注的一位导演,但是曾经在大学毕业之后有一年多的时间你是离开舞台、离开戏剧,是到南方去做广告的。那个时候让你离开戏剧的原因是什么？

田沁鑫：我觉得我不会做戏剧，我在上学的时候实际上是班里学习成绩挺差的一个学生，不是好学生（……）毕业的时候我对现代传媒比较感兴趣，我觉得戏剧还是属于传统的一个方式，然后我就去到了深圳，我考上了一家深圳的广告公司（……）

主持人杨澜的这个提问中，先对于当下采访嘉宾的现状"第一线非常受人关注的导演"进行陈述和肯定。然后转而让时间回到田沁鑫刚刚毕业之时却没有选择做一名戏剧导演这个经历，试图引发田沁鑫对于当初人生选择的思考。我们看到他的回答中，首先袒露了自己认为自己不是一个好学生，不会做戏剧。再次谈到了认为戏剧属于传统的艺术门类，最终选择了去广告公司。中间两处耐人寻味的停顿，让主持人和观众读到了更多弦外之音，因为实际上人们对于某些问题说出来的答案，未必全然是内心的真实想法，其中往往有些隐情左右着每个人的人生轨迹，往往有内心的抉择，也有现实的无奈。

主持人运用时间顺序提问，是在充分了解被访者经历的基础之上，从被访者人生经历当中选取了一个重要的转折点，突然把时间线拉回去，从现状追溯被访者离开戏剧又回到戏剧的经历，突出人物的心路历程，突出人物经历的戏剧性。

▶▶▶（来源：《东方眼》）

主持人：您对《反垄断法》研究得比较透彻，可能也关心这些领域，能不能告诉我们，还有哪一些领域我们被人"卡脖子"？

吴冬（上海律协公司法委员会副主任）：从老百姓的角度我觉得被卡脖子的都是大量的民生的（领域），包括我们的油、水、电、煤气，哪一样不是这些强势的垄断企业说了算？我们老百姓什么时候可以给他们提异议？你只能按照他们的价格买单。同时，开个听证会你会发现，所有听证的成员，个个都赞同其涨价，如果我没有记错的话，偶尔有一两个才代表我们的老百姓对他们的涨价提出一些不同的异议。

主持人：国外还有哪些企业或者是专利卡中国人的脖子？

吴冬：微软，它的 windows 或者还有一些……

主持人：我们怎么办？不是说作为消费者怎么办，作为中国的民族企业，我们自己怎么办？未来怎么才能不让人掐住脖子？

吴冬：说穿了我们刚才讲的其实核心是竞争，其实未来的核心还是在我们的技术（⋯⋯）

这段提问中，主持人围绕卡脖子技术这一主题向嘉宾提问，从当下有哪些领域"卡脖子"，再到外国哪些公司和专利"卡脖子"，最后探究未来我国的民族高新技术企业面对技术壁垒，如何应对才能不被人"卡脖子"。过去、未来这样的时间顺序提问，既让观众了解了目前"卡脖子"技术的现状，又对如何突破技术壁垒、开创全新未来提出了大胆的设想。让本是较为深奥、关乎国家未来发展的"国计"，不着痕迹地转化为与百姓日常生活息息相关、休戚与共的"民生"。时间顺序也是最符合受众心理预期的提问结构之一。

(2) 围绕地点要素提问——由此地到彼地，由熟悉到陌生

熟悉的地点，比如儿时居所、某些重要场所、关键事件发生地，都是易于让被访者触景生情的要素。提问由此开始，具备足够的场景化和画面感，瞬间将被访者的思绪拉回到当地当时。这种时空的连接，催生被访者头脑中对于以地点为线索相关记忆的唤起，甚至用此刻的心境和视角对当时当地境况和行为进行思考和重构。如果主持人也曾到过此地，或者和被访者是同乡，这样可以瞬间拉近与被访者的心理距离，社交场域中实现了瞬间的破冰效果，往往具有共同文化背景或是生活经验的两个人一旦在提问交流中被连接，瞬间会产生意想不到的亲近感和信任度。

▶▶▶（来源：《杨澜访谈录》）

杨澜：你那时候除了怀念北京的那种戏剧的氛围、文化的氛围，什么时候你真正觉得你的人生适合这个舞台、和这个剧院是连在一起，你就是要干这事的？

田沁鑫：北京是一个文化信息市场非常广泛的都市，我小时候就在这个环境里，有时候你得到但你并不珍惜，你也不觉得它好。结果到深圳的时候，1996 年深圳，还不是那么有戏剧可看，我突然觉得这一年里面我才看过两个戏，一下子就觉得北京特别好⋯⋯

主持人杨澜通过北京的舞台、剧场几个关键地点,向嘉宾展开围绕地点的提问。由此嘉宾展露心扉,聊起自己童年生活在充满戏剧的环境当中却不自知,但到了异地却突然发现氛围不再,才对之前的成长环境有更大的感恩和依恋这样的情感细节。也让观众通过访谈看到了田沁鑫之所以有当下的成就,离不开其童年在北京家乡剧场舞台的熏陶。

我们可以看出,主持人杨澜在提问前对被访者做了充分的了解和充足的功课,对被访者受家乡的戏剧影响有一定的内容预设。所以看似不着痕迹的简单提问,实则凝结了主持人在提问前做的充足准备。只有这样,才能最大限度地通过地点元素,唤起被访者深埋在这些熟悉地点背后的情感细节和情绪线索,由此被访者才会大胆吐露自己的内心感受,最终达到节目预期的效果。

▶▶▶(来源:《朗读者》)

董卿:您的六部长篇科幻小说以及三十多部短篇科幻小说,共计有四百多万的文字,都是在娘子关写出来的是吗?

刘慈欣:大部分都是。

董卿:一个偏远的、安静的,不是那么发达的县城?

刘慈欣:这种现象在科幻作家中其实并不少见……

在这段提问中,主持人董卿非常巧妙地抓住了娘子关这个地方展开提问,而娘子关正是刘慈欣一直以来看似乏味平淡的本职工作地。之后董卿又特别描述了一下娘子关的客观环境,那是"一个偏远的、安静的、不是那么发达的县城",这显然和刘慈欣所创作的科幻小说中那种高科技、现代化、前沿性的内容相互矛盾,而正是这种矛盾,使得观众更加想了解刘慈欣是如何在这样一个与写作内容极其不符的、甚至看起来十分闭塞的环境中最终创作出了斩获世界级科幻小说奖,并被全世界科幻小说界高度认可的巨著的。

相信如果你看过刘慈欣的作品,此时的你也会极其好奇,他究竟是如何做到的?而对比当下你我日复一日、年复一年的平淡生活,是否还要坚守一份看似虚无不切实际的梦想?实际上主持人的提问就是恰到好处地提出观众的所想、所感、所问。如果你提出的问题恰好就是观众此刻也想问的,刚好通过主持人问出来,那这样的提问就是共情而有意义的。

▶▶▶（来源：《巅峰问答》）

（采访地点在金星的舞蹈房内,于是提问者从所在的地点切入话题。）

何润锋：你说你来上海之前就觉得自己以后在上海的舞蹈房就应该在江边?

金星：对,我是有画面感的一个人。这可能跟我编舞有关系,整个画面的色彩应该是这个样子的……

这段采访的地点位于金星在上海黄浦江畔的舞蹈工作室,而这一地点恰恰与此前金星所表达的观点"以后自己在上海的舞蹈房就应该在江边"产生了连接。由此,谈话打开了新的局面,也勾起了金星对于为何产生在江畔建立舞蹈工作室这一想法的深刻思考,以及怎样通过自身的努力,一步步实现这一理想的种种回忆。

（3）围绕人物心理要素提问——愿望、动机、行为、感想以及各方当事人的不同情况。

世间最难以捉摸的就是人的两耳之间,每一位被访者内心的愿望、动机、行为、感受都是提问者应当为观众所挖掘探究的重要议题。因此以心理要素作为提问点是尤其常见的,例如,"当时你是怎么想的? 你会害怕吗? 当时为什么要这么做,是单纯为了钱吗?"。

实际上能够引起观众心灵共振的回答,是同样需要引起被访者心理共鸣的。如果直截了当询问对方内心的真实想法,往往会引起被访者的抵触,要么迂回拒绝回答,要么用空泛来搪塞,这样是无法达到预期效果的。实际上,心理元素合理运用的前提,首先要求主持人与被访者已经建立了较为亲近的类朋友关系,彼此产生一定的信任,放下被观察感和戒心。此时才能卸下防备展露内心,也往往只有这个时候的回答才是鲜活而细腻的,甚至有些时候看似害羞语塞的被访者此时会金句频出、妙语连珠,进入某种心流状态。

▶▶▶（来源：《东方眼》）

主持人：今天接受了多少家媒体的采访?

闪淳昌（"外滩踩踏事件"联合调查组成员）：主要是四家吧。

主持人：就是几乎把这个所有要讲的话题可能都讲了一遍？

闪淳昌：对，差不多涉及的有关方面都做了一些介绍。

主持人：所以在《东方眼》的演播室里，我就不想让您再重复那些观点。特别想听听您作为专家，又是这个联合调查组的成员，很想听听您的个人感，对这件事情的个人感受。

闪淳昌：这个踩踏事件发生后，当时我还在北京，元旦的清晨我听到这样一个信息之后，我当时就和上海的朋友和同志通了电话。一个是很震惊，第二个是很痛心……

主持人：那个时候您得到的信息可能不像调查完了以后这么完整，通过那些碎片化的信息，您当时有一个什么预判或者结论吗？

闪淳昌：因为我曾经参加处理过一些群体性踩踏事件，我应该说可以感受到或者可以想象那个事发现场的惨状，一定是人员较高度密集，另外一定是对冲才会造成这么大的伤亡。

主持人这段访问的确是在外滩踩踏事件发生后最有特色的一段，前面通过对话首先得知受访者已经接受过多家媒体采访，对于事件的细节，这些媒体已经做过极为详细的报道了，于是，主持人直接绕过，另辟蹊径，去提问被访者听闻事件后的个人感受，获得了调查组成员闪淳昌鲜活的情感共鸣。话锋一转回归理性，将被访者的身份再次放回调查组成员这个位置，理性的对当时事件作出预判。这样的提问，既避免了重复报道一些多数观众已经知晓的信息，又能从情感上让调查组成员和百姓站在一起，共同释放宣泄，还能从专业角度让调查组成员解析后续处理是建立在怎样的预判之上，可以说是一举三得，寥寥几句勾勒出一段极为精彩的访谈场域。

▶▶▶（来源：《杨澜访谈录》）

杨澜：说说《金陵十三钗》啊，当初你接这个活儿我还觉得挺意外的，第一你并不是无名小辈，需要借张艺谋导演的名号来出名；第二呢它的原著小说的作者严歌苓本身也是一位编剧，而且小说的底子也不错。所以刘恒的价值很容易被埋没，但是如果要是做不好的话，那其实骂声也是有很多要归到你这儿的。所以当初为什么要接这个任务呢？

刘恒：我还是一种职业的惯性吧，一种职业的惯性。另外还有一种逞能的想法。

杨澜：你给我说说怎么逞能呢？

刘恒：如果觉得一个题材难度特别大，就特别想去完成它，通过这个来证实自己的能力……

杨澜：但是最初还是有一定的犹豫吧？

刘恒：有犹豫主要是……

杨澜：像我刚才说的那几点，都会是你犹豫的原因吗？

刘恒：我觉得几乎在所有的创作当中，都会有犹豫，但是最大的犹豫，不是对外界对别人，是对我要改编的这个作品，我要合作的这个导演，外界的各种条件。最大的忧虑是担心自己的能力不够。

杨澜：为什么这部戏有这么大的挑战呢？我觉得在看小说的时候就已经觉得它相当有视觉的效果啊，那种戏剧的冲突，人物的选择等等。对你来说最难的在哪呢？

刘恒：我觉得最难的是因为南京大屠杀它作为一个历史事实，在中国历史上有非常重的分量……

主持人杨澜这次紧抓被访者的心理线索，提出了一连串环环相扣的问题。首先提出作为一位已经有名气的作者，为什么要接一个著名导演执导，知名作者的作品做影视改编，这显然存在一定被误解和诟病的风险。对方回答了职业惯性这个看似平凡的回答后，加了一句"逞能"，杨澜迅速紧抓不放，怎么个逞能？又是在探究被访者的心理状态，对方又提到想证实自己的能力。杨澜马上就提出您当时犹豫了吗？是不是因为我说到的这些点犹豫？作者的回答却十分出乎意料，不是对于外界的干扰而犹豫，更是因为深埋内心的敬畏感，所以接每部作品都会担心自己做不好而犹豫。

实际上这段真切的表达会让很多受众产生极其强烈的共鸣，一个知名作家在接新的创作任务时，仍然会因为不确定自己的能力能否驾驭作品而产生不自信，更何况是在各个岗位上的你我，这本身具有相当大的启迪性。

我们可以看出杨澜的后面几个心理要素问题，并不是预设好的。而是根据被访者回答问题时候的表达和反应,即兴追问和调整的,实际上这种追问才是真正以被访者为中心的表现。往往有时候提问前主持人会做多出几倍的准备和内容预判。但是沟通下来才发现被访者的回答往往出乎意料,甚至问题回答得异常精彩。这是因为现实世界的丰富性,远比主持人和编导从网络上获得的只言片语、碎片信息要真实多彩。所以问题设置也应该不断地在访谈进行中动态优化,适时调整转换提问的内容、节奏和语态。

▶▶▶(来源:《和大律师面对面》)

嘉宾:接下来的事情,我万万想不到,他拿了这笔钱,没有去酒楼的前期工作,而是投入了股市。

李睿:是这样。

嘉宾:我就想不通啊,我就要问他了,为什么你这笔钱去投了股市啊,他说这一段时间股市很好啊,股市可以赚到点钱,我们的资金还可以多一点。

李睿:其实我是觉得股市赚钱挺好的呀,赚了钱你们不就可以开酒楼了吗?那后来又发生什么事了?

嘉宾:他把股市赚的钱不是用来开酒楼,是移民了。

李睿:移民?

嘉宾:嗯,把这部分钱去移民了。

李睿:跟你讲了吗? 拿你的钱去移民?

嘉宾:我打听到了,朋友他打听到了,他把这点钱拿去移民,还要把我的房子在中介那里卖掉,我一下子懵了。

李睿:哎呦。

嘉宾:我作为一个兄弟……

李睿:从小认识的。

嘉宾:我一下子给他,觉得我是伤心,一方面给他圈套了,等于骗我了,我有这个感觉出来了。

……

李睿:那问题就是你现在想,还是要回那房子是吗? 你现在很担心那房子要不回来。

……

李睿：如果说真是这样的话，钱、房子全被骗走的话，这个后果不堪设想啊，你等于说给人做嫁衣，一辈子的钱让人去移民了，实现他的梦想去了。所以这个怎么办？

本段主要体现出的是提问中的共情能力，主持人面对受访者的遭遇，感同身受地发出疑问，也深切地为受访者感受到不公，有利于带动现场以及观众的情绪，让大家不由得为其紧张，担心其生活处境，同时也能够更好地激发出受访者的情绪，使其袒露出内心的真实想法。

(4) 围绕事件发展顺序提问——起因、经过、结果

每一个事件都有起因、经过、结果这样的发展阶段，针对事件的提问，最为标准和便捷的基本方式就是按照事件的发展脉络不断向前推进。往往提问都是从起因开始，如，当时是什么样的机缘让您决定创办这个企业？再如，你们的结合源自于那次偶遇吗？往往这样的问题容易激发被提问者的思考和兴趣，让其主动积极地展开回答。

▶▶▶（来源：《朗读者》）

董卿：巴拉格宗在香格里拉的深处。

斯那定珠：对。

董卿：的确是一个很祥和美丽的地方，但是大家也能感受到，自然垂直带的地貌造成了你的家乡有很多的悬崖峭壁，这样的话这个村子就会很封闭了。

斯那定珠：对。

董卿：那个时候出山需要多长时间？

斯那定珠：我们小时候巴拉村特别落后、特别穷，十岁的时候还没有穿过鞋子。

董卿：那您第一次能走出家乡的这个小村子到县里边是什么时候？

斯那定珠：十岁多一点。因为我当时眼睛受伤了……五天才走出去，那时我是第一次出门了。

董卿：您看到了什么样的一个地方？

斯那定珠：我当时不知道什么城市什么县城，我不知道。我就说这个村那么大的，第一次看到电……

董卿：那你的眼睛怎么样了？

斯那定珠：到咱们的县人民医院去，那个电筒照我的眼睛里面看。他说你最佳的治疗时间已经过去了，这个眼睛呢，几乎都没有希望治了。我阿爸也很难过。

董卿：你们俩要再花几天几夜回村子的时候，你的心情是不是和去的时候就不一样了？

斯那定珠：不一样，天也黑了，那种小路上，我只看到他的背影，我有很多的想法。快要到的时候，我也已经是走得真的是精疲力尽。我说，阿爸我以后长大的时候我要修路，他一开始挺不明白什么意思。他再问，我说，把汽车开到我们家乡这里。

……

董卿：你是到哪一年离开了家？

斯那定珠：十三岁的下半年。

董卿：从十三岁离家到后来你真正地要回到家乡修路，过去了多少时间？

斯那定珠：有二十多年，我在社会上摸爬滚打了二十七年多一些。

董卿：那就是也已经四十岁的时候，那个时候你也积累了一定的财富了是吗？

斯那定珠：三四千万有。

董卿：三四千万可以过上很安稳的日子了，但是你却下定决心要去修路了，为什么？

斯那定珠：因为这条路是我们的生命线，董卿老师你不知道，我们家乡的过去的人，村里有一个人病了，那么全村的青壮的劳动力的男人们拿担架去扛，那么扛四五天以后，这个生命还活吗？

董卿：就像你的眼睛。你预计修这条路要花多少钱？

斯那定珠：我不敢预计。

董卿：可是你怎么知道手上的钱够还是不够？

斯那定珠：我明明知道不够，自己心里面也很复杂很矛盾，有一种焦虑。

董卿：阿爸这次是什么态度？

斯那定珠：也是反对，所有的人都不理解，不相信我能把路修到家乡。都说你这人疯了吗。

董卿：最艰难的是什么？

斯那定珠：最艰难的是，我们村子与村子之间的一种协调。

董卿：你要协调多少户人家？

斯那定珠：当时那个是四十多户人家，第一天全村的人来了，大家都不愿意，这是我很想不通的一点……

……

董卿：钱有花光的时候吗？

斯那定珠：钱花光了四五次。花光了我就去把我所有的资产卖了……

董卿：阿爸后来有没有开始支持你了？

斯那定珠：我修到大半的时候，他来了一次。但是那个时候公路还没有修完……最后的一公里还不到一点的时候，那天下午两点多我和他聊了一下，然后他说，我很想坐着你的车子去看一下巴拉村。当天晚上九点多他就离开了人世。这就是我一生中最大的遗憾。

董卿：是在他去世后多久你的公路就通车了？

斯那定珠：其实也就两个月以后就通了……

……

董卿：因为这条路现在村民们的生活发生了一些什么样的变化？

斯那定珠：我最高兴的是有了公路、有了电，又返回来了已经有三十二户人家。就是我们真正的故乡吧，故乡不应该通通走掉。

这段是斯那定珠在家乡修路的起因（求医历经了困难）、经过（遇到种种困难但不放弃）、结果（修好的路为村民带来好处）。事件发展历程很长，但是通过提问的串联和细节化，使被访者可以把故事的重点讲清楚。这样一种提问方式，很适合用于故事的叙述，事件的还原，提问过程中主持人动态把握细节,在一些涉及事件关键的地方加大引导,帮助被访者回忆,让被访者可以娓娓道来。

(5) 围绕事物状态提问——数字、数量、大小

数字可以作为重要的提问要素,尤其是一些显著引人注意、让人留下深刻印象的数字更是适合出现在提问中。比如,"听说你是一个死过25次的男人?""听说使用百度输入法的用户数达到6亿人,那就是说全国有一半的人在使用百度输入法?"。

说出准确的数字,一方面可以提升提问的科学感,另一方面暗示了提问者在采访前有较为充分的准备,体现了对被采访者的尊重。另外数字的解释在提问中也相当重要。比如,"您手中有3项该领域的国家专利,也是全国该领域专家中最多的,经济效益相当可观,为什么要将全部收益无偿捐献给国家呢?"单独看3项国家专利并不稀奇,但是全国层面上看该领域专利极难申请,凸显了专家的专业实力,专利带来的经济效益又相当可观,更让人好奇他为什么会将这么高的收益捐赠给国家。

▶▶▶(来源:《东方眼》)

　　主持人:你一个月要交多少份子钱〈公车公营收费〉呢?

　　王洪光(济南出租车司机):现在是四千五。

　　主持人:四千五,就是说,假如我们平均到每天,那你每天要干多长时间才能把一天的份子钱挣出来呢?

　　王洪光:一上午。

　　主持人:您一天要工作多长时间?

　　王洪光:从七点到七点。

这段访谈全部是围绕数字展开的,一个月多少份子钱,多长时间回本,一天工作多长时间。主持人把一个月份子钱平均到每天要干多长时间的问法,把四千五这个数字更加实际化具体化,更易于被访者表达,易于受众理解。

2 按照提问的方式分类

(1) 求教式

求教意为请求指教,主持人采访过程中,采用求知请教的姿态进行提问。求教式的一大特点在于在提问中体现出对受访者专业背景的尊重。比如采访科技、医学等专业领域的专家时,有许多专业领域概念、知识或信息是听众不易理解的,这个时候采访者的提问要从听众的角度出发,知悉听众的疑惑。一方面为听众答疑解惑,另一方面,在谈及嘉宾所擅长的专业领域时,有价值的问题会促使其更愿意侃侃而谈。求教式提问就是将采访者与受访者的身份转化为勤勉求知的学生和传道授业的师者。

▶▶▶(来源:《和大律师面对面》)

博客材料:我跟男方生活一年,现在因为实在不合提出离婚,对方同意,婚前男方给了 3 万彩礼,女方购买家电和床上用品,没有共同财产,想问男方要求返回彩礼钱成立吗? 婚前购买的家电和床上用品归谁所有?

李睿:又是一个有关于彩礼钱的问题,这个彩礼也是一个风俗习惯,但这个彩礼,一旦是离婚的话,返还到底是应该的吗?

郑健律师:首先作为支付的彩礼一方……

上面这段是典型的求教式提问。在法律专业领域,主持人向律师进行求教,激发嘉宾的表达欲望,也能够体现出对对方的充分尊重,同时让受众获得有效可靠的专业解答。

▶▶▶(来源:《东方眼》)

主持人:因为有了刚才您说,有人告诉你这个消息〈指呼格冤案有另一个嫌疑人〉您才写了第一份内参。我相信电视机前很多观众连内参是什么都不知道。能不能展示给大家看看,内参是什么样?

汤计:其实也是份稿件,它是这样,应该说我们新华社它最早的前身是红色中华通讯社……

这段采访主题是关于呼格冤案。主持人对专家的提问则充分考虑到了大多数受众的认知广度。大众对呼格冤案或多或少有些模糊的了解,"内参"一词也只有一部分人在新闻报道中偶尔瞥见,但却不甚清晰。主持人便以求教的态度直接向嘉宾提出疑问,"何为内参,内参长什么样",随后专家的解释,不仅让观众知晓了何为内参,而且让观众对于整个事件的过程有了更为清晰和深入的认知。求教式提问在此刻起到的便是知识分享之用。

求教式提问不仅可以用于专业领域专家的访谈,而且可以作为一种暖场破冰方式。尤其对于一些具有较高的社会地位及个性特点的受访者,初识采访就让对方感受到被认同和尊重,有益于良好采访关系的建立,营造和谐融洽的采访氛围,激发受访者的表达欲望。

▶▶▶(来源:《杨澜访谈录》)

杨澜:首先我应该怎么称呼您呢?是刘先生还是——刘院长可能比较亲切一点。但是我听说有人叫您刘大哥,是吗?为什么这么叫您?不光是您这一辈的,小辈也这么叫您,是吧?

刘吉:对,我愿意跟他们年轻人在一起,要想永葆青春就得跟年轻人在一起。所以他们就喊我"大哥",后来年纪大的也跟着一起喊"大哥"了。

上面这段采访中,主持人杨澜面对具有政治学家身份的嘉宾,并没有选择直接提问专业相关的问题,而是从身边人对于嘉宾的称呼来作为切入点,从一开始便打破了大众对于高知识学者的严肃、刻板的印象,为听众树立起"刘大哥"为人谦和,待人亲近的良好形象。这样一来,既打破了观众和嘉宾间的身份间隔,同时也拉近了主持人与受访者之间的关系,便于营造出融洽的谈话氛围,十分有利于访谈的进一步深入。

(2)探讨式

探讨式提问意为在提问的过程中,双方以研究讨论的方式对于所涉及的事件、概念、观念等问题进行探讨。不同的观点碰撞会产生新的意见,而相同的观点提出后又会引起各方的共鸣和认同。因此,无论探讨中出现分歧还是共识,都能够充分激发彼此的表达欲,再度促使谈话的进一步深入。由此可以看出,这是一个良性循环的过程。在谈话不断深入的过程中,主持人对于受访者的观点能够形成初步的判断，随后就可以结合采访提纲进行调整和优化，进而为后续的采访提供更多的崭新的议题。但是主持人要特别注意的是探讨要紧扣主题、把控谈话中心，否则漫无目的缺乏重点的探讨无异于闲聊。

▶▶▶（来源：《十三邀》）

许知远：在你心中，李小龙到底是什么样的一个人呢？他对我来说充满迷惑性。

徐皓峰：对于我们这代人来说，是一个民族自尊心，我们也可以有这么强壮的体格……然后克里希那穆提就说，他说有一个事情你想一想，全世界有各种不同阶层的人，还有各种不同的人种，有各种不同的地区和文化，但是各种不同的人他的痛苦大致一样，他有一样的痛苦。这就说明你和众生有一个奇妙的网络在连接着，请相信我就是你一个人在你此刻的想法全世界都会知道。

许知远：比如说刚才还是那个问题，那些美国年轻人指责他说，整个社会乱成这个样子，然后你这种方式是无效的。你说那些习武之人比如你说赶在民国的时候，赶在大部分时代都是他们自己无法控制的，怎么面对这样的一个问题？他们就要这样生存下去吗？还是他们有更……？

徐皓峰：你看咱们在民国的时候开始军阀混战，然后外国势力入侵，有好多的救国主张和运动，军事救国、教育救国、然后实业救国，还有一个叫念佛救国，然后他的理论是什么呢，就是说，说我们其实没有世界，这个世界都是内心像放电影一样放出来的……

在本段采访中，主持人抛出问题后，受访者讲述自己的观点和见解，随后主持人从对话中敏锐捕捉到对方关于民族自尊心的独到观点，下一个提问就由此切入进一步探讨，提出更深层次的问题，激发起被访者的表达欲望，从而让观众通过他的讲述更为深刻地理解他的思考。此处作出的探讨式提问是基于双方的谈话进程而展开的，此刻受访者的情绪和表述欲望已经得到激发，此时再进行探讨式提问，能够加深谈话内容的深度和广度，甚至可能引出更具价值的关键信息。

▶▶▶（来源：《杨澜访谈录》）

杨澜：一个案子不可避免地已经带有很多社会属性。你作为一个科学家应该只就事实来说话，但是也会不可避免地被搅在一起。比如，在 O. J. 辛普森的案子中，你当时作为辩方证人提出了一个证据，就是说屋子里还有一个脚印，同时有一双带血的袜子，它不应该是穿在脚上，因为它两边都有一样的血……

李博士：对。

杨澜：所以你认为这双袜子一定是单独从脚上脱下来，才有血迹上去的。你提出的这些证据，实际上在很大程度上影响了陪审团最后的决定。你为什么要从这里入手做辩护？

李博士：对，这是个很好的问题，非常好的问题。美国是个多元化的社会，这是很难免的。所以我训练警察和侦探的时候，第一步就是要求他们不能有 Tunnel Vision（狭窄的视野），认为只有一条路可以走，一定要有开放的思维，你的脑筋一定要想各种可能性。

采访被称之为"罪案现场之王"的李昌钰博士时，杨澜通过前期准备快速完成了对"鉴识科学"（也称法医学）的基本了解，也掌握了刑事鉴识的发展历程。从李博士的回答和杨澜提出的问题当中可以看出，她对于英美法律体系的知识架构有了一定认知，这时再进行探讨式提问，才是真正的探讨切磋，双方的对话也是在一个相对平等的话语体系当中进行的。被访者自然感受到被理解和尊重，更愿意回应主持人的提问。

从采访对话当中可以看出，杨澜首先对李博士专业领域的具体案件作出了一些自己的判断和理解，并且试图通过还原当时对方的想法来阐述观点。而这一观点也很快得到了受访者的反馈。于是，二人的交流开始逐渐深入，进而双方有了更深层次的对话，也使得更多精彩内容得以呈现在观众面前。

（3）商量式

▶▶▶（来源：《杨澜访谈录》）

杨澜：白先生，我问的问题可能比较唐突，但我非常好奇，因为您到中年以后,您是比较坦诚地公开自己的性倾向,我想知道您年轻的时候有没有跟父亲交流过这方面的想法,他那样传统的父亲能够接受儿子这样吗?

白先勇:我想我父亲是个非常开明的人,其实他对儿女的前途、感情生活不会去干涉,他会谅解,会了解。

作家白先勇不但在自己的长篇小说《孽子》中描写同性恋,而且曾公开表示过自己是同性恋者。在杨澜的这段访谈中,主持人杨澜用商量式提问的方式和语气,既温和又大胆地提出了"父亲如何看待他同性恋身份"这样一个问题,而白先生也十分坦然地对这个看起来略显尴尬的问题,给出了非常明确的回答。

▶▶▶(来源:《杨澜访谈录》)

季羡林:那是"文化大革命"前期,1965年我在南口镇南口村。

杨澜:那个时候当地的农民一天的工分才挣几毛钱,但是那个时候您的工资加上国家的这种补贴能够达到四百多元,所以那个时候您就说,不要把自己的工资告诉农民,怕把农民吓坏了。您现在敢把自己的工资告诉农民吗?

季羡林:现在也不敢告诉,怕农民耻笑。

杨澜:您现在工资有多少呢,能问吗?

季羡林:我的工资老一级,工资的基础是八百八十七,加上各种名目一个月可以拿到两千块钱。

一个人的工资收入,通常是极为私隐和敏感的话题。在访谈中,主持人杨澜以商量的语气,通过提问试图了解季老的那个特殊年代的工资数额。她智慧地在提问中加入"能问吗?"如此一来,提问瞬间变得柔和而有礼。不但在语言形式上征询了对方的意见,实际上也给了对方不回答这个提问的权利,充分体现了主持人杨澜对季老的尊重和理解。主持人在采访嘉宾的时候,觉得一个问题特别想问、对释放主题特别关键,但是又怕冒犯对方的时候,那就在后面以商量试探的语气加一句"能问吗?",就给了采访和被访者双方一个缓冲的机会。

(4) 引导式

引导式提问,是指采访者通过具有引领和启发性的提问,影响受访者向着特定的方向作出回答。这一提问方式可以被用于引领话题主线或转移话题,采访者在采访过程中并不能保证采访进程完全按照自己的预期进行,期间可能会遇到诸多问题。如受访者在某一特别感兴趣但无关紧要的话题上侃侃而谈,并影响到整体访谈的进程,抑或受访者对某一问题避而不谈或答非所问。此时,便适合采用引导式提问,可以引导话题走向,甚至激励某些原本不善于表达的受访者一步步地在引导之下祖露心声。

以下案例中,嘉宾与其父亲都与高尔夫运动有关,而嘉宾的丑闻曾经差点让其失去一切,包括其运动员的荣誉。

▶▶▶(来源:《杨澜访谈录》)

杨澜:2009 年在你身上发生了一系列的事件,你是否希望自己的父亲当时是和你在一起的?

伍兹:我希望父亲一直都在我身边。我时常会想念他,每天都会想念他。自从他去世以后,我没有一天不想他。我父亲给了我人生很大的帮助,是我成长过程中重要的一部分,今天仍然是。我非常想念他。

杨澜:你还记得自己第一次打败他的情形吗?

伍兹:记得,记得非常清楚。我当时……

杨澜:所以那些画面到今天都印在你的脑海里。

伍兹:绝对是的……

泰格·伍兹在相当长的一段时间中算是高尔夫球界的标杆,但 2009 年的婚外情丑闻让他面临了几乎丧失一切的危险,而杨澜对他的提问,并没有采用最为直接、刺激性很强的关于丑闻的事情作为开始,而是针对他内心中温柔角落中的情感来唤起他更深的回忆和感受,从而激发出他自身的倾诉欲。

引导式提问采用迂回的手法对于敏感话题进行试探,慢慢地缓和气氛,并且逐渐找到一个合适的角度进行深入采访,此时受访者的心理防备已经有所减弱,不会被激发出强烈的敌意和阻抗心理。

以下案例从嘉宾和他所饰演的角色之间的关联来引导(嘉宾本身不太

分享自己的生活经历）

▶▶▶（来源：《大咖有话》）

张越：我说王凯的准备工作不好做，就是王凯节目的准备不好做。我除了看，就是我只能看你的剧，就是一部一部地赶快看剧琢磨之外，你如果像在网上搜王凯的各种各样的经历故事什么的，几乎没有，特别少。所以我特别想知道你这个低调劲儿，你并不太爱跟人讲自己的生活，我干嘛了，我是怎么样的。这个是人设，现在有人设这词，是人设还是你的个性？

王凯：没有人设，在我这没有人设，我所有的一切都是发乎于心的。……

张越：你不分享我们偏要分享，你不想聊人生我们偏要跟你聊一下人生。宋运辉（王凯在《大江大河》中饰演的角色）18 岁的时候人生转折。那个戏第一集就是从他 18 岁考大学讲起的。你 18 岁在干嘛呢，什么样？

王凯：哎呀，18 岁啊。18 岁应该是我在工作。因为那会儿 18 岁应该是高考嘛，但是我没有参加高考……

张越：然后宋运辉 10 年，第一部表现的是他 10 年过得既惨又棒，就是吃了所有的苦，但是确实做了自己该做的事。我不知道对你来说你觉得你特别惨，但是回过头来又觉得很值得的人生阶段有吗？

王凯：其实还好，就看你怎么去比。你说我要是跟我自己比的话，我觉得我肯定是有惨的时候。但你要是说横向去比……

张越：什么时候惨？

王凯：我也有没有收入的时候，也有没有钱吃饭的时候。

张越：就是当演员，刚刚当演员的时候？

王凯：对对对，中戏毕业之后吧，2007 年那会儿吧。

张越：那弄到没钱吃饭的时候，就没想过就甭干这行了吗？也没前途，熬不出来。

王凯：想过呀，当然想过。

受访者本身是较为"低调"内敛的，不愿意主动分享自己的生活。主持人张越为了实现访谈效果,便直截了当地提出想要了解对方,但由于对方一贯的内敛个性,在采访开头产生了心理上的抗拒,其明显处于回避状态。但是,随着主持人善意而有力量地利用隐晦的引导式提问,引导对方,局面便一步步被打开。主持人从嘉宾饰演过角色的人生与其现实的经历相关联,角色的年龄以及经历为由头,对嘉宾的经历和心路历程进行一步步的引导,效果可见一斑。

▶▶▶（来源:《定义》）

易立竞:在参加《乘风破浪的姐姐》这个节目里,可能有一些人,都是想要来这个节目翻红的,你听过吗?

蓝盈莹:我知道啊,包括我们也有很坦诚地去聊这个事情,对。

易立竞:那你应该知道什么是红,什么是不红,不红带给人的困扰是什么?

蓝盈莹:就我来说姐姐们说的所谓的翻红,也就是有讨论度、话题度,让观众就是再次地去看到我,大概就是这个意思吧。

易立竞:是因为她们真的不红了,是真的小透明,而你是处在一个上升期?

蓝盈莹:她们其实也不是小透明,其实参加《乘风破浪的姐姐》的三十个姐姐们,她们很多都是在人们的心底里是非常有地位的这样的一些姐姐,都是在各行各业其实已经做得很好了……

这个案例中,主持人引导提问的角度,是从一起参与节目的其他"姐姐"们开始的,第三个问句直接将其他"姐姐"和蓝盈莹作出了比较,使得蓝盈莹不得不正面回答主持人以及观众最想了解的关键问题。

(5) 进攻式

访谈节目的一个重要魅力,便是通过深度访谈对受访者并不那么愿意袒露的问题刨根问底。往往观众的确想看到受访者作为一个普通人的真情流露或未曾公开披露的独家信息。

进攻式提问时,通常采访者与被访者是一种对立鲜明的"攻防者"关系。一方发起攻势,另一方作出回应、反击或沉默(沉默当然也是一种回应)。此法一般涉及较为尖锐敏感的话题,通过直接而压迫的提问方式,迫使对方直面内心,极易激起受访者的阻抗和不适感。一旦感受到采访者的挑衅和"敌意",通常受访者对问题会有所回避,如转移话题、沉默等方式避而不谈;当然有时也会导致受访者在情绪上出现巨幅波动,表现为激烈澄清,甚至直接回怼。

进攻式提问的优点在于提问直面内心,单刀直入,以极为干练尖利的表达冲击对方的感官。采访中,这种直切核心的提问方式,往往让受访者措手不及,不得不直面采访者提出的问题核心,"真相"的探索过程常常伴随着双方的面红耳赤和心跳加速。

采用进攻式提问很容易让受访者感受到攻击和敌意,如果访谈对象的性格较为平和,双方的谈话通常会导致受访者的回避。但如果对方性格特点鲜明,可能会导致双方谈话氛围异常紧张,爆发冲突,甚至于影响到后续采访。由此可以看出,进攻式提问并不是一个常用的提问方式,需要极高的心理能量和高超的语言功力。因此,进攻式提问通常是在面对特定的困难采访任务和采访对象时的极端之举。尤其是受访者心理外壳坚厚,极其不愿表达,采访者只能通过这种极端的方式步步紧逼,迫使对方回应或者刺激对方爆发的方式,让观众看到受访者的被动回应和潜意识内容的脱出,所展现出的真实内心世界。另外,假扮的进攻式提问还适用于一些采访的破冰,以冷幽默的方式让受访者心情放松。但是事先要审慎评估受访者的接纳程度,如果其不能理解,那么采访者可能就会陷入冷场的尴尬境地。

▶▶▶(来源:《易见》)

易立竞:你对输赢在意吗?

韩红:谁也不愿意输。

易立竞:那你当时表达出来对于赢的在意或者对于赢的期盼也是真实的对吗?

韩红:我有特别表现我想赢吗?

易立竞:应该是有的。一共七个人的比赛,你有两次获得了倒数第二名,第六名。你说第一次的时候,第六名让你没了信心。第二次的时候你说这个不会让你没信心,只会让你发起反攻。

韩红：所以小孩嘛，小孩喜怒哀乐都在脸上。

易立竞：可是那个大家可能会觉得不是小孩，是你好胜心太强了。

韩红：我为什么老要去想大家，大家是谁呀，我就是我。

采访者通篇采用进攻式提问，向嘉宾提问其对于输赢的态度，环环相扣，层层深入，穷追不舍。但是我们也可以明显地看出正是由于这种不留情面的提问方式，嘉宾在一次次的提问中已经显现出了较为明显的不满情绪，虽然嘉宾有了一定的阻抗情绪，但是从其回答的表现来看，嘉宾对于比赛极强的好胜心和自身对外界高度的防御性也展露无遗。

(6) 挑衅式

任何个体存在于社会之中，都一定会与其他个体相互作用并产生冲突和羁绊，只要彼此有交集就不会缺少观点的分歧和对冲。激问、挑刺、挑衅式提问实际上是上一节进攻式提问的加强版。这种提问的方式本身就是在冲突基础上赤裸裸地对受访者最柔软的领地进行攻击，是一种在有限的时间里竭尽所能逼问出最本质性的内容的提问方式。提问内容通常涉及受访者的负面信息、丑闻、标签、被污名化内容或其他与主流观点相悖的言论，以强烈挑衅进攻的方式发出提问，在采访者与受访者之间产生思想碰撞和交锋。

在许多观众看来，采用这种方式的提问太具攻击性而缺乏应有的共情，是否太残忍？然而，正由于其强烈的攻势，受访者通常一定会在回答中袒露关键信息以换取自身的清白和安全。但是这样的提问无异于揭开对方的伤口撒盐，产生强烈的创伤感，极易激起受访者的剧烈敌意，可能会彻底终结整个访谈。因此，应用此方式进行提问，要极其审慎地评估对方的承受能力和能耐受的攻击强度，要特别注意激问用词的强度和准确性，尽量避免出现由于受访者强烈而失控的阻抗所导致的访谈关系瞬间崩塌。

▶▶▶（来源：《易时间》）

易立竞：曾经在 2006 年的时候，你也发生过作品抄袭案例的风波，和你保护知识产权以及关注知识产权保护这件事情有矛盾吗？

郭敬明：没矛盾。

易立竞：你觉得这是污点吗？或者你怎么看这件事？

郭敬明：我觉得它会有影响，但是不会至于说一直怎么怎么样……

易立竞：你觉得这种形象是会扭转的，是吗？

郭敬明：也不是扭转，是我觉得你需要去证明……

易立竞：你曾经在一个采访中说过，说自己是没有原罪的人，怎么理解这句话？

郭敬明：我们所谓的原罪，比如说一些企业可能，比如说第一桶金可能是官商的交易，或者有一些可能是非法的，会有一些这种灰色的地带。但是我只是至少我能够说，我每一笔钱都是自己要么是辛辛苦苦写出来的，要么是辛辛苦苦在片场拍出来的……

主持人在这段访谈中，采用了激问、挑衅等提问方式。尖锐不留情面地抛出对方抄袭作品的事实和他宣称要保护知识产权之冲突来增强反差感和矛盾性，让对方不得不直面过去的言不由衷。在激发出受访者的情绪不适感后，又向受访嘉宾对此事的看法和价值观进行层层逼问，可谓句句诛心。受访者的心理防线在受到了极大的攻击和挑衅后，也逐渐开始由于其防御机制的溃退而流露出真实的观点。

（7）正面、侧面提问

正面提问是指提问者开门见山的对其关注的话题发起提问。正面提问的优点在于直截了当，直击重点。一般用于提问受访者较为容易回答，不会引起其敌意的内容。并且受访者的回答方向一定程度上已经被提问者所限定，这是一种防范受访者对问题顾左右而言他"打太极"的常用方法。同时对方的回答，一步步落入采访者最初对于回答的预想之中，也便于采访者巩固谈话的结构框架，控制谈话进程。

▶▶▶（来源：《和大律师面对面》电话连线）

李睿：这位观众您好，您贵姓？

连线嘉宾：我姓王。

李睿：王先生您好，您打电话到现场的话有什么问题需要咨询，和我们讲讲？

连线嘉宾：我心里很郁闷的,我的父亲呢,从小呢,16岁那年呢生了一场病。16岁那年,他的精神状况不好,有点精神病。后来我也不知道他有点精神不正常,小时候吵吵闹闹的,有几十年了……

李睿：就一直关系不是特别好对吧?

连线嘉宾：精神不正常,我们关系也很好,我帮他做事情,也乐意帮他做事情,从小我们家里就是帮父母洗被子,家里做事情,都是我一个人做的……

李睿：好。

连线嘉宾：我还有个姐姐,还有个弟弟……

李睿：我们长话短说,您就是矛盾的,就是难过的这个焦点在哪里?

连线嘉宾：症结呢,就是我姐姐呢,我2008年的时候立遗嘱……

主持人正面主动干预、调整谈话的进度和走向,连线嘉宾讲述了很多细节,细数家中纠纷却始终没有提及问题重点,而迫于节目时间的有限。此时主持人适时主动地采用正面提问的方式,中断对方的讲述,将谈话引回主线,是一种调整谈话的进程的积极干预,使谈话直奔主题,减少曲折的探索。

侧面提问又称迂回式提问,是指提问者采用聊天攀谈等方式稍作迂回,然后再逐步将话题引上正题,以获取核心问题回应的提问方式。侧面提问可以理解为"醉翁之意不在酒",其优点在于都是以较为柔和试探的方式向受访者询问,不易产生硬碰硬的粗糙感和阻抗。在涉及受访者特殊经历和内心想法等问题时,侧面提问是一个实用而礼貌的方法。此类问题大多为开放性问题,答者的回答也充满了不确定性,此时,采访者要注意发掘被访者对关键问题的用词、态度以及接纳度。一旦判断对方做好了回答准备,立刻趁机就着受访者的话,试探性地提出问题,获得回应。

▶▶▶（来源:《科学咖啡馆》）

杨澜：其实你看大家对于疫苗这个事既特别感兴趣,也存在着很多不同的误解。你比如说在国际上我就听到很多人就在说,说我有了"新冠"的疫苗我也不会打的,因为这个疫苗有可能打乱我自身的免疫系统。让我以后我的免疫系统就失去了一些功能,所以有疫苗我也不打。

怎么理解这种想法呢?

　　兔叭咯:他们说这种,大众以为的这种疫苗打了会有副作用,其实说的是很早之前那种减活疫苗,就是把病毒的毒性稍微减低一点,比如说天花那种,很早之前的技术了……

　　主持人其实就是想问专家疫苗有没有副作用,又担心问题较为直接,对方不肯直截了当回答,于是采用了迂回的侧面提问方式。问题提出后,专家却自己准确地领会了主持人的意思,直接就回答了疫苗副作用相关的话题。主持人从人们的想法出发,通过侧面提问,得到的答案可以更加容易理解,也更能解释清楚这个误区。

▶▶▶(来源:《杨澜访谈录》)

　　杨澜:应该说这两本书〈之前提到的《美的历程》和《万历十五年》〉读者面是非常广的,圈内圈外都是这样。那么既然读的人这么多,也没有人人都成为易中天这样的人物,也还有一个你自己的原因在吧?

　　易中天:有的,第一个原因就是我年轻的时候是写诗的,后来有朋友总结说你的《百家讲坛》,你现在的电视演讲那么受欢迎,跟你原来写诗有关……

　　侧面提问的言下之意是要问易中天是如何成为现在这样一个人物的、他和其他阅读过这些书的人有什么差别、或是否有一些特殊的个人经历。这样的问法比较委婉,也不会产生贬低别人的歧义。

(8) 封闭式与开放式

　　如果从提问的方式划分,还可以分为封闭式提问和开放式提问。

　　封闭式提问是指提问者刻意地将某种预设答案放置在问题当中,供受访者选择或确认,而无需其一定要展开回答的一种提问方式。如,"你觉得你更喜欢安逸的状态还是奋进的日子?""相比之下,你更爱妈妈还是爸爸?""你有时候会刻意地回避和她独处,是不是?"。因为封闭式问题预设了答案,只需受访者的简单确认、否认或是选择。因此,当主持人不断提出封闭式问题的时候,对方若没有被激发出强烈的表达欲望,则会集中表现为连续而简短的被动应答。这时主持人会因为需要不断地尝试提出新的问题来填补采访内容,变得疲惫不堪。所以封闭式问题一定要结合开放式问题一起形成和谐而有动力的谈话场域。

开放式提问是指提问者提出较为概括、广泛、范围较大的问题,对受访者回答的内容限制不严格,给对方以充分自由发挥的余地。开放式提问通常包括"什么""怎么""为什么"等疑问词。开放式提问通常会引发受访者给出较为详细和具体的回答,为受访者和观众提供丰富的信息或使谈话进一步深入的线索。杨澜曾经提及其对开放式提问的一些看法:"开放式提问总是提问者安全的开场选择。但因为是开放式的,你就要准备好,对方几种不同的回答方式,你都要接得住。"可见开放式提问并不是全然放开话题走向,而仍需要主持人的控制和驾驭能力。开放式提问很容易激发出受访者的表达热情,易于展现回答的未知性和趣味性。

▶▶▶(来源:《新闻1+1》)

白岩松:钟院士,首先大家会非常关心的是,很多的人们,我看注意到身边人们在议论的时候都在谈论的是它跟SARS的区别是什么。您最有经验了,这个答案是什么?

钟南山:我觉得跟SARS联系是很自然的,因为它病原(体)也是属于冠状病毒的类型,那么SARS是冠状病毒的一种类型,那么中东呼吸综合征也是冠状病毒类型。那么现在出现的既跟SARS不一样,也跟中东呼吸综合征不一样……两个还是有差别的。

白岩松:接下来针对这个差别,我相信我们也会注意到一个数据,就是到现在为止,你看现在我们通过PPT能够感受到,1月19号的时候,武汉市它的累计确诊病例198,但累计死亡病例是3。那么这个数字是否意味着它对人的这种生命的威胁性是远远小于2003年的SARS?还是因为我们积累了打SARS那场战役,有很多的经验,因此导致"3"这样的一个数字?就是不至于让大家太过担心。

钟南山:我想两个因素都有,首先刚才讲的第二个因素,这个肯定的……但是另外一方面不能,因为疾病现在是刚处于一个起始阶段,那么现在的病死率不能说明全面,恐怕还得看他的疾病发展,所以在这个问题上,我想我们还是应该提高警惕的……

白岩松：钟院士，另外还有一个，这两天之所以引起大家更大的警觉，是因为一下子新增的病例非常非常多，那是由于我们采用了新的试剂，因此他来进行判断，包括检测速度更快了、更准了，还是也跟它病毒发生自身的某种规律也有关系？

钟南山：同样是我觉得你这个问题问得很好，同样也是两个原因都有……

白岩松：钟院士，接下来一个问题，就是涉及到了武汉，你也正好去了武汉。这次跟 SARS 去比较的话，是非常明确地比较集中在武汉，而且像上海、广东等地都是输入性的病例，也都与武汉有关系，这对于防控来说是一个好消息吗？您怎么去看待武汉的非常明确的这样的一个位置？

钟南山：对任何的这种急性的传染病出现都不是好消息，但是这个是说明它一定的特征，那么在一定意义上从流行病学来看，它不单是集中在武汉，而且集中在两个区……也就是说有这个人传人的话，那这个是很重要的、值得我们警惕的一点。

白岩松：没错，钟院士，这块正好涉及这个问题了，就是关于人传人。前几天的时间里头大家还不能确定，那今天包括您刚刚开完的这个会议，针对人传人现在的判断是什么样的？

钟南山：过去曾经是有（人传人的）风险或者是什么，现在是目前的资料表示，它是肯定的有人传人……

白岩松：钟院士，现在因为它是作为一种新型的冠状病毒，我们对它的了解已经到了哪个程度？离知道它的病源还有多远？

钟南山：我想现在对它的了解还是很不够的，我们只能够从原则上，第一它是一个新型冠状病毒，那么它引起的一些症状跟以前的 SARS 有些是相似的。第二这个病源是什么，它的源头是什么动物，现在基本上还不清楚……

白岩松：钟院士，我相信我身边的很多人，包括网友也都在关注，现在从你们医学专家的角度，包括整个医疗体系是怎么去面对它？应该怎么办？而普通人应该怎么去防范？

钟南山：我想普通人来说这个很重要，就是提高警惕……

白岩松：最后就是非常简短的(问题)，普通人意识到了什么样的症状的时候，就一定要去医院进行治疗？是发烧吗？

钟南山：现在因为在冬季，暖冬，应该流感也比较多，当然光是发烧还是不够，这有几个东西很需要注意……

上面这段精彩的访谈，就是由封闭、开放式提问相结合的方式进行的。当时正值疫情初期，人们对"新冠"肺炎病毒知之甚少，并没有足够的认知和了解。导致有些人极度恐慌，而有些人却不够警惕。主持人在访谈中提出的问题都是人们在广泛讨论的疑惑，正需要权威专家的正确观点及时肃清谣言。文中我们可以看出主持人将封闭与开放式提问恰切融合，浑然天成，使得采访十分融洽，问题指向明确、嘉宾的回答清楚直接，解释全面深刻。

(9)"最"式提问

"最"字型提问是为了了解对方印象最深的故事和深层次的想法。这类事实往往很显耀，所以作为新闻素材是非常合适的。"最"字提问法可以询问对方最痛苦、最高兴、最忧虑、最痛恨、最辛苦的一次经历，最大的心愿，最震撼人心的事，等等。比如采访人物，肯·梅茨勒教授在新闻采访教材《创造性的采访》一书中就详细列出了 20 个人物采访中最常用的提问，而"最"式提问占比最大：

生活中(或在目前的讨论中)，你什么时候最快乐？什么时候最沮丧？

你最好的性格特点是什么？

谁是你心目中的英雄？你"最景仰的十大人物"都是谁？为什么？

在事业上以及在生活中，什么样的问题、观念、哲学思想对你最重要？

你愿意为何而战？为何而死？为什么？你采取了(或即将采取)什么行动来维护你的信仰？

你的生活中最重要的里程碑是什么？

在生活中你感到最遗憾的事情是什么？最自豪的事情是什么？

……

思 考 题

1. 你即将采访一名素不相识的某一专业领域的嘉宾(如航天航空、人工智能、医疗健康领域等),请你准备一份提问大纲。

2. 在采访过程中,嘉宾能够回应你的问题,但又总会回避你提出的关键问题,访谈内容浮于表面,你该怎么做?

3. 请分别列举出三个封闭式、开放式问题以及二者结合的问题。

4. 什么情况下适合运用进攻式提问?请设计一个使用此类提问方式的对话场景,并录制一段采访视频。

第三章

提问的质量

坚持高标准,追求高质量,如今已经成为全中国、全社会的共识和目标。在主持人的提问中,也要保证每一个问题都是优质的。有好问题,才会有好答案。有效的提问,以是否能达到预期目的、是否能获得关键信息、是否解决受众疑惑、是否能取得节目效果为准绳。如何避免错误的提问方式、打造高质量的提问? 在这一章节里,我们就来谈谈提问的质量。

1 避免错误的提问方式

在提问的场域当中,采访者对于整个交流进程应当有所把控,理应在采访前做好充分的前期准备。如果没有详尽的准备,很容易在提问中暴露对受访者或议题相关内容的不了解,由此产生不当提问。而不当提问的最大隐患是暴露出了主持人对于受访者的不重视,失信于受访者,非常不利于采访的深入推进。

除了准备之外,采访过程中对于受访者的倾听和共情的投入程度也决定了提问的质量。访谈作为双方符号互动的过程,其实受访者的观点已经隐藏在其语言和副语言当中了。只要采访者足够认真地倾听、主动地思考,并结合自己的共情,便能够获得重要的关键信息,从而规避双方谈话中的"雷区",同时要持续深入受访者的"优势区"。通常情况下,"雷区"在彼此没有建立信任关系时,提问尽量不要触碰,以免造成被访者的阻抗,进而损害访谈关系的持续。而资源区却是被访者急于袒露,甚至有诱导主持人对他进行提问的潜在趋势。这在成熟的访谈关系中,都是可以被彼此深切感知到的。本章中,我们就来梳理一下有哪些提问中的"雷区"。

(1) 不分时间与场合,提出不合时宜的问题

在采访中,主持人要对采访时机和谈话场合有较为清醒的觉知,既要放松,也要保持警觉。在政治、经济、灾害等重大事件发生时,一定要端正自己的采访态度,避免发生提问过程中的语气或表情倒置,如,笑着问遇难人数,哭着问未来前景。重大事件采访中要审慎地精选恰当的提问用词,切勿提出与主流价值观、大是大非相左的问题,引发采访对象和公众的不满。在对方经受创伤性事件过后,要根据受访者的心理承受能力和情绪情感恢复状况,语气柔和而试探性地提出有关对方伤痛的话题,而不是反复追问刨根问底。如果采访在某些特定场地场合或采访有现场观众,此时也要特别注意,提出的问题是否与场所场合相冲突。

对于不同背景的被访者而言,这种"不合时宜"自然也有所不同。访谈双方的地域、文化、教育、经历等差异,都会导致主持人可能很难意识到提出的问题对对方造成潜在伤害或攻击。如,在西方文化中,肤色种族问题是极为敏感的,也是相当不合时宜的。主持人在提问时,首先应充分了解被访者的家庭、教育、文化背景,提问时可以在内容上"避重就轻",在用词、语气上把握接纳、中立和共情,感同身受设身处地地站在被访者层面,提出能够被其接纳的问题。

▶▶▶(来源:《养生堂》)

记者:(微笑着)您的眼眶湿润了,能跟我们讲讲为什么吗?

钟南山:(神情凝重)因为我觉得在武汉……

记者提出的问题从内容本身来看,似乎并没有什么不妥之处。但节目播出期间,正值"新冠"疫情在湖北武汉暴发之际。钟南山院士临危受命前往武汉调查疫情状况后火速回京。从节目截图中可以明显看出钟老在车内面色凝重,神情紧绷。而相反,记者则是轻松惬意、面带微笑,丝毫没有认识到当时疫情的严重性,引发广大网友接连的声讨,舆论更是一片哗然。

记者在提问时面对采访嘉宾展露笑容本没有错,错就错在不合时宜,没有觉察到钟老的情绪状态和采访议题的严肃性。因此,画面中二人面部表

情的一悲一喜，形成鲜明反差，令很多观众感到极为反感。在如此严肃的场景之下，记者并没有及时迅速转变提问的情绪状态，表现失范。

▶▶▶［来源：英国 Channel 4 News(B 站)］

【主持人】Krishnan Guru-Murthy：Cambridge education，black，British.（你毕业于剑桥大学，是个英籍黑人。）

Richard Ayoade：Sure.（当然。）

【主持人】Krishnan Guru-Murthy：And that's quite a rare subject.（这二者能产生交集，真是非常罕见。）

Richard Ayoade：Yes, it's a hell of a medical form.（是，你是在查我的户口吗?）

【主持人】Krishnan Guru-Murthy：But you're not going there whilst there's this massive campaign around.（但你为什么没去支援最近那场声势浩大的宣传运动〈黑人民权运动〉呢?）

Richard Ayoade：Where should I be going?（你想让我去哪儿?）

【主持人】Krishnan Guru-Murthy：What I mean is you know Lenny Henry，David Harewood and all these people.（我是想说你应该认识连尼亨利、大卫哈雷伍德他们这些人吧。）

Richard Ayoade：I know who they are.（我知道他们是谁。）

【主持人】Krishnan Guru-Murthy：Other black people in the entertainment industry…（还有娱乐圈其他的那些英籍黑人……）

Richard Ayoade："Other black!" There are others yeah.（"其他英籍黑人!"，还有其他人呢，真棒。）

【主持人】Krishnan Guru-Murthy：… have been pushing this campaign about diversity in television. You're not going to go there as a subject?（他们都在积极宣扬，要求英国电视领域的种族多元化。你作为主体为什么不去参加呢?）

Richard Ayoade：How do you mean 'go there as a subject'?（"作为主体去参加"! 你是什么意思?）

西方对于种族主义极其敏感，这次采访的本意是让受访者 Richard

Ayoade 来宣传新书，但是主持人 Krishnan Guru-Murthy 紧盯受访者的黑人身份，明知故犯，提出种族相关的问题，且提问方式与语气都让受访者感到被冒犯。受访者也毫不客气地回怼，主持人不仅得不到有内容的回答，还使自己陷入尴尬的境地。

▶▶▶（来源：英国 Channel 4 News　B 站：宣传《复仇者联盟》2）

【主持人】Krishnan Guru-Murthy：The reason I'm asking about the past is that you've talked in other interviews again about your relationship with your father, and the role of all of that in you know the dark periods you entered, and taking drugs and drinking and all of that. And I just wondered whether you know you think you're free of all of that or whether that's still some…（我之所以问关于你过去的事，是因为你在其他采访中提到你和你父亲的关系，以及你最黑暗的那段时间受到的影响，还有吸毒、酗酒等等。我只是想知道你是否已经完全远离了那些东西，还是你仍然保留了部分这样的习惯……）

Robert Downey Jr. I'm sorry I really don't know what are we doing.（打断一下，我真的有些不知道我们在谈论什么东西。）

这次采访目的是为电影做宣传，主持人却持续提问嘉宾私人问题，而且是一些不好的过往，使嘉宾感到尴尬。最后嘉宾不仅拒绝回答，而且直接中断采访。

（2）不分对象，让对方感到尴尬

让对方感到尴尬的话题通常出现在采访者所提出的问题或观点与受访者相悖，甚至让对方感到违和时。这种违和感甚至于一些问题在对方看来乃是具有侵犯性的提问，也会让对方感到不自然，不知如何回答。

那么怎样审视自己的问题，才能够尽可能地减少提出让对方尴尬的问题呢？以下分为几个要点。

第一，我们提出的问题是否会破坏现有谈话场域，问题到底在谈话中起到了推动作用，还是反之。

第二，采访者在提问前一定要反复思考表达是否存在刻板印象并可能给被访者带来伤害,如性别偏见、种族歧视、文化霸权、标签化、污名化,等等。经不起推敲的问题不如不问。实际上,我们都无法绝对做到对他人真正完整地接纳和理解,主持人亦是如此,所以只有不断地练习、反馈和修正,才能不断完善审视问题的有效性和得体性。

第三,采访者提问要讲求"人情世故",不可太过自我或只是机械式背诵问题。采访内容最终通常要通过广播电视、互联网等大众媒介进行传播。这就意味着,实际上双方的交谈是在受"台前"受众关注的状态下进行的。提问的内容用词不仅仅要被受访者所理解接纳并愿意作出回应,同时也要考量舆论的接纳度和当下社会文化背景之下受众如何解构和评价。因此,提问前主持人应对于访谈的公共属性有极为清晰的认知,这样才会提出与文化、场景、时机、对象相契合的得体而有价值的高质量问题。

第四,采访者要根据被访者的性别、身份、地位、宗教、习俗、经历等等来审视采访用词,不可提出具有歧义的问题来,切忌"好心办坏事"。有的采访者在破冰阶段,为了迅速拉近彼此的关系,会提出一些带有玩笑意味的问题,但是如果对对方的接纳程度判断有误,就很容易被其误解为攻击,导致破冰效果没有达到,反而使得这座冰山愈加寒冷。

▶▶▶(来源:POWER106FM【国外某电台节目】 B站)

主持人:If you could use makeup or your phone one last time, which one would you pick? Makeup or your phone?(如果你只能最后一次化妆或者最后一次用手机,你会选择哪个?化妆还是用手机?)

Ariana Grande:Is this what you think girls have trouble to think between?(所以这就是你觉得会困扰女孩子的事情吗?)

主持人:Yeah, absolutely.(是啊,当然。)

Ariana Grande:Is this man assuming that was girls would have to choose between?(你们男人认为女孩会在这两件事情上纠结吗?)

主持人:Yes, that's not a question. Can you really go anywhere without your cellphone?(当然,这毋庸置疑。你可以出门不带手机吗?)

Ariana Grande:Yes.(当然。)

主持人：How long can you go without looking at your cellphone?（你可以多久不看手机？）

Ariana Grande：Many hours.（好几个小时。）

这个提问很容易联想到对于性别的刻板印象，嘉宾的回答也表示感觉被冒犯到。特别是现在有关性别歧视、性别平等的话题常常被讨论，更加要注意。

▶▶▶（来源：腾讯星推榜快问快答【R1SE 组合】）

主持人：你是如何保持这样的少年气的？

何洛洛：正在少年期嘛。

主持人：长高十厘米和眼睛变大一圈你会选哪个？

周震南：都不用，谢谢。

主持人对年轻偶像问"如何保持少年气"没有多大意义，特别是在粉丝看来，还可能是对自己偶像的"内涵"。"长高十厘米和眼睛变大一圈选哪个"的问题有对受访者的外貌进行攻击的感觉，受访者本人听到这个问题也有些不满。

▶▶▶（来源：bilibili 独家《丞相来了》【唐国强老师访谈】）

主持人：那老师您 94 版的《三国演义》可以说是经典了，对于现在的新版的《三国演义》您是怎么看？有人说可能说什么毁经典作啊，或者是您觉得里面的演员的话是有一些，能不能抓住这个人物的精髓？

唐国强：因为作为一个演员来评价演员这是很难的事情。很不好说，可能只好私下说更好一些。但是有几处比如说曹操的横槊赋诗，为什么要横槊赋诗，拿着槊饮酒，最后把人扎死。新版他往往没有拿东西，直接拿酒杯就这么说了。这些我不知道他当时创作的想法是什么，但新作他从场面，各个方面可能更好一些，这个高科技方面，在解释方面。

问题不合时宜。被访者在回答中也表明了，让他评价演员不太合适，因为这其实是个容易得罪人的问题，不适宜在公开场合进行讨论。那么被访者在后面的回答中也尽量避开了对演员的评价，把这个提问圆了过去。

(3) 对采访对象不了解或专业知识不熟, 提出非常笼统的问题

每一个采访者都希望自己通过提问在访谈进程中获得有价值的关键信息。这就要确保我们提出的大多数问题不是浅薄而无用的, 而是有效和有目的性的。

本小节提及的"笼统的问题", 主要是指采访者在采访前因为没有做足功课, 无法提出具体化的问题, 从而让受访者实在不知如何作答。采访前扎实的准备功课是高质量提问的前提和基础。不但能提升采访者提问的指向性和含金量, 同时能减少无效问题的提出, 保持访谈的连续性。做足访谈对象的信息了解, 并对于整个访谈过程和内容作出预设和规划, 能够在最大程度上保证访谈顺利进行。其次, 充分的前期准备, 能够让受访者感受到足够的尊重, 利于彼此关系破冰, 并提升访谈效果。

▶▶▶（来源:《立场》）

主持人: 你上一次来这儿〈指海清的老家〉是什么时候?

海清: 应该是有一年过年……

……

主持人: 你说你是在这儿出生的吗难道?

海清: 不是, 我没有, 我妈妈应该在这儿生下来的。我妈妈后来跟我爸爸好的时候还住在这儿。

主持人: 你是没在这个院子生活过?

海清: 我在这个院子待过……

对采访对象不够熟悉, 在基本信息上反复提问, 让对方感到尴尬, 显得节目很草率。

▶▶▶（来源:《十三邀》）

主持人: 您什么时候感觉到那么多不同的人对咏春的兴趣开始明显地增强、增加的?

叶准: 我不明白（这个问题）。

主持人: 等于过去几年, 大家对叶问这么强的兴趣, 然后你觉得叶问身上最吸引人的特质到底是什么东西呢?〈嘉宾停顿、没有反应〉或者说叶问, 您觉得叶问跟他的同代人, 当然香港还有不同的拳师嘛, 同

代人比起来,他身上最与众不同的东西是什么?

叶准:这个从眼光来说,叶问看得远一点,同时叶问始终是读过书的人,更加适应香港的社会。

主持人:那有一天咏春会不会消亡你觉得?

叶准:继续。〈表示不想回答〉

这次节目接受采访的嘉宾已经九十多岁了,而且主持人用普通话、嘉宾用粤语,两人交谈时还需要翻译,所以这个案例有一定的特殊性。而主持人在说话时用的长句,语言比较复杂,导致嘉宾理解比较吃力。叶问有什么特质以及咏春是否会消亡的问题太笼统,让人觉得主持人对咏春没有足够深入地了解,更不了解咏春拳在嘉宾心目中的地位和其接纳能力才会问出"您觉得咏春会不会消失"这样的问题。

▶▶▶(来源:《××有约》)

主持人:美国有个饮料特别好叫蛋酒,您可以生产一下。

宗庆后:蛋酒也不是美国的,这个澳大利亚的。

主持人:澳大利亚的吗? 但是他们那种西方,它只在圣诞节前后才有,平常没有。

宗庆后:有啦,这个你机场里天天有。

主持人:没有!

宗庆后:哎呀,我是买过好几次啦,有些像澳大利亚,包括欧洲到处都是,机场都是的,免税的。

主持人:不是,不是酒,它叫蛋酒,叫 eggnog,叫蛋酒

宗庆后:我知道有蛋酒有奶酒是不是,现在我那个时候也买回来叫他们想做的,后来想想这个是酒类了。

主持人:那不算酒类吧。

宗庆后:酒类。

主持人:但那真的很好喝,我建议你可以生产。

宗庆后:很好喝,我也喝过,也尝过。

主持人:是好喝吧?

宗庆后:对,是很好喝。

主持人：一般我说好吃的肯定好吃，肯定卖得好，您可以去做。

宗庆后：那也不一定啦，你的口感不一定代表全国老百姓了！

众所周知，著名企业家宗庆后白手起家创办了饮料业巨头娃哈哈，其在饮料界的影响力不言而喻，主持人在采访过程中谈到国外某饮料时，没有对饮料的产地、产品信息了解清楚便轻下结论，引发对方的不满。尤其是主持人的固执坚持，使受访者忍不住对其观点不断地进行反驳和纠正。在对方擅长的专业领域中硬杠，无异于班门弄斧。

（4）提问语要注意"四不用"：不用长句、不用倒装句、不用否定语气提问、不用有歧义的话提问

长句通常用于书面语，对于理论的阐述和解释较为实用。但采访是人际之间的交流，复杂的长句直接增加了受访者的理解难度，并产生多种理解方向。因此长句在采访中可能会导致冗长或误解。提问要在问题表述清楚的基础上，尽可能地言简意赅。还有些采访者喜欢把多个问题杂糅在同一次提问当中，期待对方一一作答。然而通常受访者只会选择其中一个问题来进行重点回答。不但降低了提问的有效性，而且使得提问的过程显得冗长且乏味，提问意向不明。

在现代汉语中，倒装句通常是指主语和谓语倒置，定语、状语和中心与倒置的句子。倒装句通常是通过语序的颠倒来强调某些特定内容，间接表达某种倾向。倒装句的使用容易在提问中产生比较强烈的暗示作用，易对被访者的表达产生方向性的影响，导致被访者的表达意愿被捆绑，因此一般情况下不常用。

否定句的使用，容易激发被访者的情感波动，对其固有观念进行挑战。的确，有时冲突是能够激发出受访者的表达欲望，增强节目看点，但较难把握，尤其是在双方还没有建立较为紧密的谈话关系时，否定句极易激化矛盾，影响谈话进程。另外，使用否定句也表明主持人对某件事物的明显倾向，让提问突破了中立的立场。使得被访者后续的表达走向对主持人的迎合或对抗。

对于有歧义的问题，我们前面已经有所提及。提问前，主持人应当反复检视自己的问题,觉察当中是否含有不恰当的,抑或是容易让被访者产生误解的用词。这都是访谈前准备工作的一部分。

▶▶▶（来源:《挑战主持人》记者见面会）

记者:朱军主持的节目叫《艺术人生》,人生是个很大的话题,艺术人生只是其中的一个小部分,是最复杂的,需要理性思考。您的年龄和朱军的年龄相比年轻一些,没有经验,那么我想知道,您怎么来平衡由于年龄带来的没有经验,怎么做好呢?

马东:这位资深记者由于不太善于使用中文。所以我把他的话重新说一遍,就是你这么年轻凭什么挑战有人生经验的朱军?

该记者提问的语句较长,使用的语言听起来比较复杂,可能导致受访者理解有困难,对记者提问的点产生歧义。马东的再一次解释也正是说明了记者的提问用语不是很恰当。

▶▶▶（来源:《××有约》）

主持人:那你觉得在这个阶段,作为一个女性,你去看你所经历的一切,你觉得在此时此刻作为女性,你内心最大的那种感受,最难的那个东西是什么?

张韶涵:其实说实话,永远都不可能平等的。也许等到我们老的时候,这件事情会不会发生我们都是未知的。但是总之就是说现在的这个社会的意识就比起十年前二十年前确实来得更加地让大家能够真正地去尊重女性。而且不管你看任何的环境也好,其实我真的觉得,现在已经没有像以前那样了,那现在才是应该是一个最好的一个时代。我们惺惺相惜,然后我们甚至懂得为彼此发声。

"在这个阶段,作为一个女性"和"在此时此刻作为女性"是同义的,导致将语句复杂化了。"内心最大的那种感受"和"最难的那个东西"实际上是同时提出了两个问题,对于嘉宾的理解和回答都可能造成困扰。

▶▶▶（来源:《面对面》）

主持人:那您说听您这一课,看您这一本书到底能在多大程度上达到您希望他达到的目标呢?

叶嘉莹：也许你没有到达。为什么现在很多人对我很好，但是听我讲的、几十年的学生，甚至于不是学生。我在温哥华也举行公开的讲座，就是不要钱的，也没有学分，大家愿意来听。

这个提问听起来太绕。"多大程度"这种说法也太笼统，而且每个人的主观接受能力都不一样，这个问题从受访者的角度来说很难给出明确的答案。

▶▶▶（来源：《定义》）

主持人：你有代表作吗，在演戏上？

黄圣依：代表作可能大家比较多了解的《功夫》《天仙配》那些，都是我的代表作。

主持人：《天仙配》会是你的代表作吗？

黄圣依：很多人都是通过这个戏了解我的。我会经常去问一些朋友，因为我希望我可以得到大家更多的信息的反馈。有很多人是因为这个戏了解我的，有些人是因为那个戏了解我的，所以都不一样其实。

"你有代表作吗，在演戏上？"这句是倒装句，一般情况下不这么表达，另外，主持人的一句追问有质疑嘉宾的意味，让嘉宾有些尴尬，回答的时候也有些不自然。

▶▶▶（来源：《我要上春晚》探班直播）

主持人：那今天会来六组选手，如果说是你的话，你会给他们什么样的寄语呢？给他们也打打气。

王源：其实他们肯定是有比我年纪大的了，我没有办法去给前辈或者说一些人寄语，只是希望加油吧，然后放轻松。希望他们都能够取得好成绩。

这个提问用词不当——寄语，一般是长辈对晚辈的，而王源尽管有一定的经验，但是年龄还小，不适合用"寄语"。王源在回答中也纠正了这个措辞，避免了误会的产生。

2 问题质量的评估

你玩过一个叫"20个问题"的游戏吗？一个人先写下一个词,不让其他人看到,其他人可以向写词的这个人提问,只能提答案为"是"或"否"的封闭式问题,要在20个问题内猜中这个词。可是,假如你和小孩子玩这个游戏,猜一种动物。他们通常会问:它是大象吗？它是熊猫吗？而不是:它是哺乳动物吗？它生活在非洲吗？这些提问就不够好,不能获得信息量,逐渐缩小范围,对解决问题帮助不大。

什么样的问题是好问题？下面我们来探讨一下问题质量的评估标准。

(1) 是否能达到预期目的

采访中,任何提问都是有目的的言语表达。因此,检验一个提问质量好坏的重要指标之一,就是问题提出后,受访者对问题的内容回复和情感回应是否达到或超越了主持人对于受访者的期待。由此可见在访谈当中,一个问题的具体功能是否得以实现,进而让受众捕捉到谈话中彼此语言和副语言符号互动所引发的可看性强的内容,最终实现谈话预期目的,是评估问题好坏与否的重要指标。

▶▶▶(来源:《杨澜访谈录》)

杨澜:回顾历史,当时的国务卿赛勒斯·万斯(Cyrus Vance)先生曾经来中国试图与邓小平就某些问题,特别是台湾问题达成协议,可是无功而返。在他之后,您去了北京,当时您对于完成这项使命有多大信心？

布热津斯基:问得好,针对这项任务,我也不知道我到底有多大信心,但是我有一种感觉,那就是在大的战略问题上,尤其是战争与和平的问题、苏联的扩张问题上,我和邓小平所持的观点,相比万斯先生的观点而言更接近些,我觉得这可能有助于建立一个战略性对话的平台。

杨澜在《提问》中指出,"哪怕是提出最简单的问题,依然无法脱离案头功课的支持,所以我是标准的'功课主义者',信任但不敢完全依靠自己的直觉与经验。"杨澜称自己为"功课主义者",对于受访者,她采用的方式永远是极为谨慎且认真的态度。只有做足了功课和准备再进行提问,才能最大程度激发受访者的积极回应和思考,作出有深度的精彩回答。

(2) 是否能获得关键信息

此处所指的关键信息,并非人尽皆知的、受访者常常谈到的基本信息,而是受众喜闻乐见、未被大多数人所周知的有价值有意义的信息。毕竟现在访谈节目遍地开花,受访者广为人知的平面化、标签化的信息,并不珍贵独特。尤其在互联网时代,只要大家稍微在手机上动动手指,便可轻易获知。然而高质量问题所激发的是受众主动袒露内心的动力,往往此时的回答,让人意想不到,鲜活生动,富有丰沛情感和细腻的内心活动,甚至可能语出惊人,让记者采获独家新闻。

《提问》中说到,"在采访的时候,王子与庶民平等",我们与受访者在人格上是平等的,不需要因为对方的社会身份和地位而有压力感,我们应该做到平心静气地专心做采访,唯一要感到有压力的是能否获取有价值的信息。

"信息茧房"会让我们以为我们所看到的就是最真实的世界,失去了对新观点新事物的客观评价和全面认识。因此为了保持觉醒和理性,提问时我们要秉持严谨审慎的态度去不断循证已有的观念和认知,一步一步靠近真相。

▶▶▶(来源:《杨澜访谈录》)

杨澜:你当时离开家的时候,要从范庄先走,走到一个叫郏县的地方,再从郏县走,到许昌才能坐上到北京的火车,到了北京再坐火车到香港,路上要一个星期到十天。

崔琦:是。当然那个时候还小,不知道一去以后再也不会回到家乡了。

杨澜:你后来有没有想过,如果那个时候你的妈妈没有把你送出去读书,如果你一直留在范庄,今天的崔琦会是什么样子?

崔琦:其实我宁愿是一个不识字的农民。如果我没有离开范庄,留在父母身边,他们年纪大了以后的那一段生活会不同,也许有个儿子在,他们不至于饿死吧。

华裔物理学家崔琦教授所取得的成就让人叹为观止,但是杨澜没有从其所取得的成就角度直接进行提问，而是另辟蹊径，找到了一条进入其内心的道路，她向崔琦教授提出了假设性问题，"如果当时没有去读书，现在会是怎么样呢？"而这个问题的回答背后也让我们看到了一位蜚声国际的科学家成功背后未对父母尽孝的忏悔和内心深处的挣扎。

▶▶▶（来源：《杨澜访谈录》）

杨澜：有一天您先离开这个世界，您希望翁帆再嫁人吗？

杨振宁：作为年老的杨振宁，我会跟翁帆说，等我将来离开这个世界，你可以再结婚。但是那个年轻的杨振宁却不愿意这样。

杨澜：您的理性跟您的感性其实是发出不同的声音。

杨振宁：确实是，这两句话代表了我自己脑子里头非常复杂的一个思想。

主持人杨澜根据杨振宁教授与妻子年龄相差很大这个观众的好奇点出发，以恰切得体的假设性提问，引出一种未来的情景，即因为彼此年龄差距太大可能终究会面临天人两隔的痛苦。主持人在此时此刻深切感受到了对方的苦楚和隐忧，从此问题入手，也让观众看到了更为丰富立体，有血有肉的杨振宁先生的形象。

(3) 是否能解决受众疑惑

大众传播不是"私人领域"，因此，大众传播背景下的访谈所涉及的提问，绝非仅仅为了满足媒体或主持人个人的好奇心。而是为了满足广大观众的求知欲和知情权，只有这样才能实现传播目的，提升节目的品质。由此可见，能否切实解决受众对于事件或专业领域的疑惑，成为评价主持人提问质量的重要标准。例如，在某些科技或医疗领域的科普访谈中，经常会涉及很多专业术语，此时专家当然是了然于胸，主持人可能也通过访谈前的功课了解一二，可对于广大观众来讲可能完全听不懂。那么如果主持人不做适当的解释，仅仅沉浸在二人的私域人际交流当中，就会让采访索然无味，不接地气。专业术语这类"行话"如果太多而不加解释，会导致受众不明其义，放弃跟从。虽然采访者和访谈对象的谈话看似仍在顺利进行，但是此时大多数观众早已心不在焉。因此，采访者在前期准备以及整个访谈的过程中都要时刻注意坐在台下注视着的第三方——即观众的存在。发起提问时要时刻觉察观众的认知水平和真正急切想要关心的话题,并对其不甚了解的案例、事件和专业术语等,做一定的铺垫或解释。

▶▶▶（来源:《杨澜访谈录》）

杨澜:您在谈到什么是中国天机的时候,我看到特别有意识地强调了两点:第一个探讨的是您所亲身经历过的这一系列政治运动背后深层次的原因;第二,您又提到了一个理论和群众到底是谁领导了谁,谁控制了谁的问题。对于第二点,人们就不太明白什么意思,什么叫理论领导了群众,还是群众领导了理论,您这是什么意思?

王蒙:我非常高兴您能提出这一点来,说明您抓住了一个重点,就是马克思的名言"理论掌握了群众,就变成物质的力量",这个当然是正确的。但是我又体会到,人的思想永远不是一个单行线,群众也能掌握理论。群众掌握了理论,就不太在乎理论的原点:我更重视的是,我是要让这个理论符合我的利益,符合我的文化传统、习惯和追求。

这段对文化名人王蒙的访谈具有一定的理论深度,属于高端访谈范畴。谈话中主持人杨澜从大多数观众的认知水平出发,提出了"什么叫理论领导了群众,还是群众领导了理论?"这个问题。她首先在提问前对于该问题的背景做了些铺垫和解释,由此提高了普通观众的观看意愿,降低了理解难度,同时,也间接提示了受访嘉宾回答的时候,要更浅显易懂地说给"人们"也就是普通观众来听,提升了节目的通俗性。

(4) 是否能取得节目效果

节目效果是指节目内容能持续吸引受众的注意力,并使其情绪、观念或行为被节目中访谈关系所传达出的情感、信息和价值观所影响。访谈能否取得良好的节目效果,需要访谈双方建立相对亲密、积极融洽的协作关系。双方对彼此的举止谈吐、处事方式和价值观念较为认同。访谈中,主持人不断提出准确而有效的问题,能够深刻理解和共情受访者的观点和情绪,持续不断地推进访谈进一步深入。受访者则能真切地感受到采访者对其充分的尊重和理解,有饱满的表达热情和"不吐不快,一吐为快"的沟通意愿。当然,良好的节目效果并不是只有相互配合、理解、其乐融融一条路径。毕竟千人千面,条条大路通罗马。因此,除了彼此"和颜悦色"之外,针对不同的采访嘉宾和交谈主题,恰到好处地激问或直击灵魂的进攻式提问,也同样能够取得相应的理想节目效果。

▶▶▶(来源:斋藤孝《如何有效提问》)

哈利:你身为一位成功音乐人的同时,对待听众的不友善或是恶劣的态度也成了话题,对于这件事你有什么看法?

戴维斯:为什么大家对我特别有意见? 真是很让人生气! 我又不是什么重要人物。他们没有别的事可以做吗? 有些好事者说我演奏之前不报曲名、不理会观众的眼神、不敬礼、不搭话、演奏的时候忽然从舞台消失,全是些废话! 听好! 我只是一个小号演奏者,顶多还会吹点萨克斯风。是不是因为我只会这两样,就造成这些是非吗? 我又不是艺人,也不想成为艺人。我只是一个音乐人。提醒你们,凡是有关我的新闻,有一半是骗人的,我做任何事都有理由。

第三个问题是:"你认为因为自己是黑人所以才招来批评吗?"

第四个:"对于种族基本上有什么感觉?"

第五个:"童年时期,结交过白人朋友吗?"

第六个:"好奇心在你的音乐中发挥什么样的作用?"

亚历克斯·哈利(Alex Haley):美国黑人作家,一直以种族问题为讨论的焦点,迈尔斯·戴维斯(Miles Davis)素有"黑暗王子"之称,作为有色人种,虽然在事业上极为杰出,但依然在生活中遭遇不公。提问中我们可以看到,虽然哈利提出的问题都非常简短,但是十分激进且具有攻击性。但由于哈利本人的非裔身份,而使得戴维斯的攻击性回应更像是对整个种族歧视者的声讨。此时,戴维斯久藏于心中的压抑情绪便喷薄而出,让观众对美国的种族歧视问题有了更为直观的感受。

▶▶▶(来源:《立场》)

易立竞:或者是那是你想面对去澄清一些事情的地方。

周杰：我面对什么了？澄清什么了？

易立竞：在《吐槽大会》上，把你的负面新闻，有争议的点拿出来一个个调侃你。

周杰：这是个节目，那么认真干嘛？

易立竞：你一直是个很认真的人。

周杰：不不不，节目就是节目，我认真的态度在工作，但是对这个节目的内容不认真，明白吗？

易立竞：那不是工作？

周杰：我工作的时候很认真，态度认真。

易立竞：那是赚钱吗？上综艺节目。

周杰：当然赚钱了，综艺节目你以为不赚钱呢。

易立竞：你是为了赚钱吗？

周杰：不全是为了赚钱。

易立竞：还有什么呢？

周杰：人情嘛，你不上这个，上这个不就得罪人了嘛，上就上了呗，又给钱，又不是不给钱是吧。

素有"明星克星"称号的主持人易立竞的提问方式往往让观众直呼过瘾。她的采访总是强势而具有压迫感，直击受访者的内心痛处，也颠覆了受众对传统大众传播的采访风格的固有印象。关键是她的确用激问的方式，问出了很多观众很想了解，而其他采访者却不敢问的棘手问题。这样的采访方式特别容易与受众产生强烈共鸣，不禁让人大呼过瘾。

3 高质量提问的特征

高质量问题一定是有目的的问题。通过广播电视、互联网等大众传播渠道传播的访谈，不同于几个好友在私人领域内的漫无目的打发时间的闲谈。因此，每一个问题都应该是有目的指向的。当然有些问题是为了直接获得对方的回应；有些问题是为了试探对方态度；有些问题是激发受访者表达意愿；还有些问题探究对方真实想法。也就是这一个个各自为政，目的不尽相同的问题，共同汇聚了一个指向访谈期待的目标和谈话核心议题的话语系统，以此来呈现一个良好的访谈节目效果。

高质量提问一定是"心中有对象"的问题。好问题可以充分引发访谈对象的兴趣，且在表达方面做到因人而异，对不同的受访者采用不同的访谈方式和话语体系，并应充分考虑对方的文化背景。人与人之间有着彼此独特的成长经历和教育背景，同样，采访对象的个体差异也十分鲜明，正所谓千人千面，没有两个生来相同之人。因此，在访谈准备的过程中，要尽可能搜集受访者的基本信息和个人偏好，提前对受访者有初步的了解，因人而异设计采访大纲和问题。而在访谈过程中，主持人要高度觉知和捕捉受访对象表达中所流露出来的个性特征和基本观点，不断修正其在主持人心中的内部成像，随时调整提问的语气、角度、方式，等等。请切记，世界上从来没有两片一模一样的雪花，即便是再有经验的主持人，如果心中无视访谈对象，也提不出高质量的问题。

高质量提问一定是基于好奇心的问题。绝不要为了提问而提问，也不要为了炫耀自己的学识和智慧而提问。优秀的访谈节目主持人通常是与生俱来对人本身有着极大的兴趣的"好奇宝宝"。尤其是对未知的世界有着孩童般的好奇心和求知欲。访谈过程是彼此鲜活观点交融碰撞的高光时刻，如果提出的问题本身并不是主持人确实很感兴趣发自内心想的问题，那么其在语气、眼神、表情上都会是扁平而无味的，缺乏继续追问的动力，导致整个访谈内容被割裂肢解不成体系。这种空洞的反馈是无法真正激励受访者进一步深刻思考和深入表达，自然也得不到精彩的回应。

高质量提问一定是系统的、连续的问题。好的问题一定不是孤立存在的，而是必须建构在特定的场域和情景当中。提问的顺序、问题内容的选择、提问方式的使用等都是要与谈话对象和氛围高度契合。特里·费德姆在《提问的艺术》中指出，"问题是要具备一定情境的，如果缺乏情境，那么受访者就可能不明白问题的含义，或回答踟蹰不决"。实际上，一场访谈就是一个复杂的话语系统，这个系统最终承载着访谈的目的和意义。一个问题无论采用何种方式手段被提出，都是作为整个访谈话语系统的一部分而存在，具有一定的系统功能，承载一定的价值，统统指向访谈主题。好的提问同样也是具有连续性的，一个个问题层层深入，步步为营，不着痕迹地深入受访者的内心世界。

▶▶▶（来源：法拉奇就越战问题采访基辛格）

法拉奇：基辛格博士，如果我把手枪对准您的太阳穴，命令您在阮文绍和黎德寿之间选择一人共进晚餐……那您选择谁？

基辛格：我不能回答这个问题。

法拉奇：如果我替您回答，我想您会更乐意与黎德寿共进晚餐，是吗？

基辛格：不能，我不能……我不愿意回答这个问题。

法拉奇：那么您能不能回答另一个问题：您喜欢黎德寿吗？

基辛格：喜欢。我发现他是一位对他的事业富有献身精神的人。他很严肃，很果敢，总是彬彬有礼，很有教养。他有时也非常强硬，甚至很难对付。但是，这是我一向尊敬他的地方。

从基辛格前期对于法拉奇问题的回答中我们可以看出，作为一位位高权重的政客和公众人物，基辛格的发言是非常谨慎和克制的。因为以他的个人影响力和政治身份，牵一发而动全身，每一句话都可能会被解读为表达某种政治倾向或价值取向。因此，对于这类敏感话题，他不能直接而坚定地回答。但随后，法拉奇迅速调转方向，问了基辛格一个只针对一个人的评价式的封闭式问题，把基辛格从二选一中解救出来，这才让我们看到了基辛格对黎德寿的态度立场。

关于提问的质量，其实有太多值得大家慢慢去理解去尝试去总结的东西。东方卫视有一档《主播有新人》节目，是专门培养和发掘节目主持人的平台，节目当中有很多高质量提问和高质量点评的案例，可供大家参考。

附：东方卫视《主播有新人》比赛实录

▶▶▶（来源：东方卫视《主播有新人》）

王逸凡、田尹南对钟鸣医生采访（点评：郦波、杨澜、刘建宏）

王逸凡：大家晚上好，欢迎收看每周四晚上十点由东方卫视和百视TV APP为您带来的大型直播访谈节目《一起谈》。大家好我是主持人逸凡。今天我们在现场请到的嘉宾是中山医院的钟鸣教授，让我们用掌声欢迎钟老师！

画外音：钟鸣医生在2020年的小年夜孤身一人从上海驰援武汉，被称为"上海最早逆行者"。面对这样一位接受过无数媒体采访的抗疫英雄，两位新人主播还将挖出什么不为人知的故事呢？

王逸凡：其实我们也是看到说您之前在去武汉的那一次征程是带有一定的遗憾，但是这一次去到长春可以说是内心比较平静。您觉得这种平静、这种从容背后，是什么在支撑着您呢？

钟鸣：一方面其实我已经心里做好了准备，因为我觉得这个时候有可能我要去前线，但重要的一点是因为我们经历了整个去年武汉的疫情洗礼之后，其实我们对疫情它的发生发展的规律已经做到心中有数了。况且这次大家可能看到新闻，我出发的那天是打完了第二针疫苗出发的，所以我觉得我从生理上也做好了充分的准备，这都使得我有坚定的信心，我有很强的自信感。所以我觉得这次只是一次平常的医疗任务而已。

王逸凡：所以您觉得很有信心，大家可以用这样一个平常心来对待。我知道有一张图片您以前提到过是给您留下一个深刻的印象，当时是在东北室外的冰天雪地，有几名护士推着一个用着呼吸机的病人在室外的场景，您说这张照片特别打动您。

钟鸣：因为大家都知道冬天东北室内非常热，但是因为我们穿隔离服，我们是没有办法换衣服的。我们的护士就要从一个十几度靠近二十度的温度的环境里面不换任何衣服，就要走到外面的冰天雪地里去推着病人去做CT检查。本身在雪地（病床）推起来就非常困难

王逸凡：非常费劲。

钟鸣：最关键他是一个危重病人，他的生命支持系统都放在床上面，他们承受的是非常重的，这是生命之重。所以每次我看到他们推床在冰天雪地中行走，我心中都会一酸，正是他们的辛苦付出才会有我们在过年期间的万家灯火，我们能够安定祥和地过一个春节。

王逸凡：我觉得刚才看到您的眼中是闪过了一丝泪眼婆娑。

（画外点评）

刘建宏：这个词儿不可以乱用。

杨澜：对。

刘建宏：泪眼婆娑，只不过是有一点点泪花。

杨澜：对，泪光一闪。

王逸凡：我真的想为您再鼓一次掌，正是因为有您的这样一些坚守才给我们带来安全和稳定，真的是非常谢谢您。我们再把时间轴拨回到武汉，我想问一下您对第一位病人有没有很多的回忆呢？

钟鸣：我去武汉接触到的第一个病人我印象非常深刻，应该说是永生难忘。那天是去年的除夕，我进到金银潭 ICU（重症监护室）看到的第一个病人是一位在"新冠"疫情一线感染了而变成危重症的一个医务工作者，他比我还年轻三岁。我第一次进到他的房间看到病榻上的他有非常多的想法，第一次意识到了这一次的任务是非常艰巨的，我们知道我们随时都可能变成那个病床上的他。所以其实我们在我们和病人之间角色切换可能会非常快，所以也就意味着这一次的任务跟以往其实是有很大的不同的。那经历了武汉这样的磨炼之后，我不敢说我看淡生死，但是我面对同样的困难的时候心态会更成熟一些。

王逸凡：真的，在这我觉得真的喊您一声钟 sir（钟鸣医生），感谢您每一次的全力以赴，把这样一个生的希望和生的希冀带给每一个病人，让他们可以获得希望和帮助，让每个人都可以获得平等的生的权利。谢谢钟 sir（钟鸣医生）！好，以上就是我们《一起谈》的全部内容，我们下周再见。

田尹男：各位好，这里是《今晚》，我是主持人田尹男。我们大家熟悉钟医生的事情应该就是在去年的 1 月 23 号，您上午接到通知，下午就独自一人赶到了武汉。当时您的一张照片我们都印象很深，独自一人背着一个包上了高铁，我想知道那个包里您装了什么？

（画外点评）

刘建宏：漂亮！这个问题问得好。

钟鸣：这是个很有意思的问题。其实包里的东西很简单，有一两包口罩,然后有一个 kindle。

田尹男：电子书。

钟鸣：一个 iPad(平板电脑)。

田尹男：也就是说您当时是不是还觉得我去了武汉可能还有时间再看书?

钟鸣：对。

田尹男：是吧,去的时候您还是挺有自信的对于自己的专业。

钟鸣：我平时对专业都非常自信的,所以其实在去武汉的路上我都有一些想象,我在想象着我在武汉怎么带领着同道们去开展各种各样的救治,我会开展像 ECMO(体外膜肺氧合)这样的高精尖的这种危重症的救治技术。

田尹男：后来去了之后您的自信遭遇到了什么?

钟鸣：就很多人会问我,武汉什么最困难,我会说可能物资,我们的防护用品不够,生活物品可能开始也不那么充足。但是对于我、对一个医生来讲真正最困难的是对疾病的未知。建立我们信心的那些对以往危重疾病的认知经验,在武汉早期的战场上似乎都不奏效了,也就使得我们的救治效果在早期并不理想,这是我们最困难的地方。

田尹男：大家也可以想一想去年的 1 月 23 号我们对于"新冠"肺炎的了解程度有多少,其实是特别有限的,您是身上什么也不知道就带着这样一份自信就去了。并且我知道您是重症医学科的主任,其实作为重症医学、ICU(重症监护室)的医生来说,面对死亡其实不算陌生,但是去了之后有没有比死亡更让您难以承受的事情?

(画面外点评)

刘建宏：比死亡更难以承受,嗬,这问题。

钟鸣：有,应该说 ICU(重症监护室)是医院里离死亡最近的一个科室。其实我们不是没有见过死亡,但是我们经历了太多突如其来的死亡,我们见证了太多我们没有心理准备,或者我们带有遗憾的死亡,这个对于一名医生来讲其实是非常煎熬的事情。

田尹男：我记得您后来发过一条朋友圈当时是这么写的,说南六最后一个病人在 54 天 ECMO（体外膜肺氧合）之后离开我们去了天国，我没能完成对你的承诺，但南六的故事还是要结束。这个病人是谁？他经历了什么？

（画外点评）

杨澜：多好。

钟鸣：这个病人是我印象最最深刻的一个病人，应该说整个在武汉金银潭救治期间这个病人一直是我一个最大的遗憾。

田尹男：一个心里的结。

钟鸣：他其实算年轻吧，他 49 岁来到病房的时候，他的 50 岁生日是在我们的病房里度过的，但是他来了他就是危重症。我当时一度想要用尽一切办法去救他，因为我觉得他太配合了，我每次看到他那双求生的眼神看着我，我觉得我一定要做些什么。所以其实他倾注了我们和我们整个团队对于渴望给病人一次生的机会的一种强烈的愿望。所以其实我和我的团队在他身上都倾注了太多的感情。但是直到后来离开武汉的时候这个病人依旧在 ECMO（体外膜肺氧合）的救治中，由以后的战友来救治，到最后我在隔离期间得知他去世的消息，这个其实对我来讲非常难受。但是这次武汉的经历告诉我们其实这就是人生，这就是残酷的现实，我们要接受这一切。无论怎么说，武汉的战役都过去了，所以我跟战友们说，下个路口见。

田尹男：医学是有天花板的，从 1 月 23 号到 4 月 6 号您在那儿待了 75 天，返回上海的时候，其实您当时可能在飞机上已经知道我下飞机肯定会有采访。据说您也准备好了应对媒体的这样一套话语，但是其实我看到了您回来接受媒体采访的视频。

（播放采访视频）

钟鸣：谢谢大家，我踩上了上海的地（哭），我回来了，谢谢大家。武汉很好，武汉在恢复，谢谢大家对我的关心。

田尹男：其实 4 月份的时候，武汉并没有完全恢复到一个解除疫情的状态，您为什么当时改变了自己原先准备好的那一套话语？

钟鸣：其实我那个时候很害怕离开武汉，因为你在一个地方倾注的感情越多，你越舍不得离开。我是 4 月 6 号那天从武汉回来的，我们在 4 月 6 号之前，我们就做了各种各样的告别，所以在 4 月 6 号那天我跟自己说，我要笑着离开武汉。我真的在飞机上想好了可能会有媒体来采访，我已经想好了我要微笑着跟大家说。但是在我下了飞机，踩上上海的土地那一瞬间，我脑子就一片空白。然后我有种感觉，我当时的感觉就是我是一个逃兵，我在武汉没有彻底好的时候就离开了武汉，所以我想给自己找一个理由，所以我说武汉很好，大家放心。我那时候真的是想给自己找一个理由，我不是一个逃兵。但是可能你们很难理解一个战场的老兵要离开战场那一瞬间，其实对战场都是充满了感情的，而且我还有那么多战友。所以其实要离开武汉不是说从物理空间上说离开就离开的，这真的对我们来讲是一个很难的过程。所以其实后来我们隔离，其实对我来讲我不需要躯体上的隔离，我并不需要那两周的休息，其实我需要心理上让我接受我离开了武汉，我离开了这场让我永生难忘的战役之旅。

田尹男：我还是想说那一句话，其实您真的已经做得很棒了。我们大家都知道一个医生在那样一个环境当中，去到那样一个场地里将会面临什么。而当时您又付出了那么多，所以真的很感谢钟医生。我觉得时间可能太短，10 分钟的时间并没有完全能够讲述到 75 天他经历的所有的一切，但是这份武汉的记忆，可能不仅是和战友们并肩作战的那些白天和黑暗，还有和病友们……

（画外点评）

刘建宏：开始看稿子了。

杨澜：这个不太好。

刘建宏：这不好。

杨澜：不行。

田尹男：再次感谢钟 sir（钟鸣医生），谢谢您为武汉拼过命。今晚的内容就是这样，再见。

钟鸣点评：

王逸凡他其实问的问题基本上我觉得都是标准的新闻发言稿，但是这次小田问了我一个问题，让我真正很认真地去回答这个问题是第一次。就是他问我回到上海就哽咽了，我是第一次从内心里说出了当时的真实想法。好的主持人就是他会用一些很简单、看似很平常的问题，他会把你内心的情绪、内心的故事完全挖掘出来。

三位专家点评：

郦波：钟 sir（钟鸣医生）他作为一位抗疫英雄，尤其他去武汉这件事我们看到各种报道，已经耳熟能详了。如果还是集中在这个上面，我们觉得好像没有空间了，尹男给我们做了一个示范，非常棒的示范。他在这个看上去没有空间的地方找到了游刃有余的空间，而且非常集中，非常动人，你的精彩问句也导致了钟鸣医生精彩的回答，包括下一个路口见，包括他的自责"我是一个逃兵"，我当时觉得真是击掌叫绝。尹男，太棒了！唯一一个小小的遗憾居然到最后读稿子了。

杨澜：其实那个时候说什么都是对的。

郦波：说什么都是对的，唯独不能低头读稿子。所以这是唯一的一个小小的瑕疵。

杨澜：逸凡，采访一个众所周知的英雄人物就是有两种方式。第一个你就把他继续送上神坛，一开始就说他有伟岸的形象，其实这让对方很不自在你知道吗？相反你把他真实的那种心里的东西给压制住了。那么尹男在这个方面就很聪明，他把他从神坛上往下拽，拽成是一个普通人，然后我们反而对他的这些情感有了强烈的共鸣。他也不自信，他也不知道会怎么样，他也遗憾，他也难过，他还自责，他还空白了。那所有这些反而让我们觉得这个人是多么的可信，然后多么的可爱。所以我想说作为一个记者和主播，我们有这个责任让一个人的形象是真实、丰满、复杂的，而不要单独地给他去继续贴上一个标签。

刘建宏：我这个时候反而要提醒一下尹男，今天你是遇对采访对象了，这个采访对象是你最喜欢的类型之一。因为他能接住你的话，如同你要把这个问题提给郦波老师的话，郦波老师也能接住。但是你为什么不能够把这种态度带到对我们的演员，我们的那些明星的采访当中呢？是不是？看到自己的短板了吧。所以呢在这方面你肯定还是要继续努力。那么对逸凡来说,采访就是你的短板,这个你必须要认识,所以要加油!

思 考 题

1. 请列举出三个不恰当提问的案例并分析。

2. 假如你要采访一位曾经有负面新闻的嘉宾时,该如何围绕其"敏感区"进行恰当提问。

3. 与抗疫专家、新闻事件当事人、冬奥会等具有较高社会关注度的嘉宾访谈时,该如何通过有效提问,获得独家信息?

4. 在面对具有较强防御性的嘉宾采访时,该如何破冰,建立良好融洽的访谈关系,进而获取有效信息?

5. 面对不善言谈的受访嘉宾时,该如何有效激发对方的表达欲望,打开话题?

第四章

提问的准备

"凡事预则立,不预则废"。聪明人不打无准备之仗。访谈之前的充分准备,是对话成功的保障。

好的提问出自好奇心和真诚的发问,高质量的提问来源于充分而细致的准备工作。一档好的访谈,在正式开始录制之前都需要花费大量的时间和精力进行准备工作,这其中包括信息的收集、提纲的设计、提问方案的设计、暖场,等等。主持人要想完成一次合格的访谈,必须尽可能多地参与到提问的准备工作中来。准备工作越充分,采访就越从容。

提问前的准备包括:信息的收集、提纲的设计、提问实施方案的策划、暖场,等等。

1 信息的收集

在确定选题和访谈嘉宾后,主持人就要进行信息的收集工作了,主持人掌握的信息越丰富,对话题本身就越有好奇心,也越容易提出有品质的好问题。这其中既包括选题本身的相关信息(专业知识、背景资料、选题意义等),也包括访谈嘉宾的相关信息(所在领域、表达习惯、过去的访谈音视频资料等)。如果要进行一场人物专访,收集的内容还包括受访者的成长经历、家庭状况、生活环境、性格特征、心理状态、待人接物风格,等等。

信息收集可以通过查阅文献、求助专业人士、搜索影音视频资料等方式来实现。

(1) 查阅文献

访谈节目主持人与不同的嘉宾对话，所涉及的专业领域会很宽泛，平时的知识积累非常重要，但即使博览群书，也无法做到样样精通，所以在每次拿到新的选题时，首先还是要在该选题领域内的专业知识和背景知识上下功夫。

我们知道，范长江新闻奖是我国优秀中青年记者优秀成果的最高奖。范长江是我国 20 世纪 30 年代著名记者。1935 年，时年 26 岁的范长江，为探索追求抗日救国的道路，踏上了一条非凡的"考察旅行"之路。这条路，"漫漫其修远兮"，北至包头，西达敦煌，全程 4 000 余里（一说 1 万多里），历时 10 个月。川、陕、青、甘、内蒙古等省区的广袤原野，都留下了他的足迹，他的调查汇集成《中国的西北角》一书，范长江一举成名。

范长江在一次接受采访时说，写长篇地方通讯，不能完全依靠记者个人听到的或看到的一些直接材料，而是需要有大量的间接材料。一篇有分量的通讯，30％是你看到的或听到的直接材料，而70％则是间接材料。他说他当时出发去大西北采访前，曾天天去图书馆研究和收集中国西北诸省的背景材料和有关资料，他每到一地采访，总是先搜集、查阅当地的地方志和史书。

对于主持人而言也是，"30％是你看到的或听到的直接材料，而70％则是间接材料。"也就是说，一次成功的对话，对话现场的应变和策略占30％，而背后的资料收集和准备工作占了70％。

《杨澜访谈录》中提到："好的问题一定是基于对这个人的背景有比较全面和深入的了解，专门针对他来提问，而在采访和对方交流之前的准备工作，是一个消化和表达的过程，没有人可以替代。设想如果说仓促上阵，没有了解融入的过程，一般来说不会特别理想。"

选题确定后，主持人要结合自己的知识架构选择性地补充相关的背景知识。时间允许的情况下，可以选择几本能够解决基本认知问题的专业书籍或即将采访的嘉宾本人的专著来阅读，这样的书籍能够帮助主持人掌握第一手资料，对提问的出处更有把握。如果查找遇到困难，就可以直接向被访者索取，请他开个书单或告知你关于他的最新报道内容，很多学者都乐意这么做。

如果时间较为紧张，就可以选择书籍中的重要章节进行阅读，也可以选择上网查阅权威的期刊文献，快速获取信息，补充相关知识。除此之外，一些相关的新闻报道，网络上有可信出处的碎片知识也能够帮上忙。主持人在采访任何专业领域的嘉宾时都应该对自己有这样的要求：提问的措辞可以简单通俗，但绝不能业余。简单来说，就是不问"外行话"。主持人掌握越多专业信息，越能激发访谈嘉宾回答的愿望，也越能收获专业且诚恳的答案。

（2）求助专业人士

清代文学家刘开在《问说》中说："问与学，相辅而行者也。非学无以致疑，非问无以广识；好学而不勤问，非真能好学者也。"意思是，学问，就是边学边问。会学才会问，会问才会学，相辅相成。

在主持人的通讯录里，应当有不同领域的专业人士，在必要时能够作为智囊提供信息帮助，在选题遇到困惑或有些提问的专业度或分寸拿捏不准的时候，主持人能够第一时间知道应该拨通谁的电话进行请教，大多数情况下被请教方会乐意提供支持，这当然也可以包括受访者本人。请教电话可以选择在收集资料之前，请专业人士对信息收集方向和要点提供一些思路，或者请专业人士对一些难懂的知识点用通俗的语言做一个讲解，这样可以避免在准备过程中无从下手的窘境。

为了避免唐突，请教电话也可以选择在主持人自己做过信息收集整理工作、对信息有了一定的了解之后，对一些拿捏不好的问题、仍然有困惑的知识点请专业人士进行有针对性的答疑，当然也可以选择在提纲设计初步完成后，请专业人士给出一些修改建议。主持人可以以此作为参考，再将有建设性的建议转化成适合大众传播的语言添加在访谈提纲里。

专业人士提供的信息当中，主持人也要独立整理，知识性的内容可以记录下来作为信息储备，观点性的内容要辩证来看，可以多征集几位不同专家的观点，有助于保持客观中立。在向专业人士请教的过程中，也可以尝试抛出几个自己准备过的问题，看看对方会怎样解答，一来测试问题的专业程度，二来可以通过尝试性的探讨来获得一些新的启发以便在接下来的准备工作中及时调整提问方案，开发出更好的提问角度。

(3) 查阅影音视频资料

互联网的海量信息大大丰富了资料查阅的方式,主持人在信息收集过程中可以搜索相关领域的影音视频资料,提炼其中有价值的信息作为提问素材积累。在某个领域颇有建树或有一定知名度的受访嘉宾,极有可能在过去接受过不少媒体的采访,你将要采访的话题也可能近期有主持人与这位嘉宾探讨过,受访嘉宾本人也可能拥有自媒体账号,微博或抖音,了解他的日常发布,他关注的人、关注的账号、关注的粉丝,或是在微信朋友圈等平台发表过某个领域的观点心得和背景资料,这些都是很好的素材来源。

主持人在对选题背景资料和基本的知识点进行收集整理后,可以有针对性地搜索即将采访的嘉宾在过去参与过的访谈或各类音视频资料对嘉宾的专业研究方向、谈吐风格、语言习惯等做一个了解,以预判访谈过程中的沟通方式和节奏,还可以避免重复提问,找到有别于其他媒体采访的角度和提问方式。过去已经被问及多次的毫无新意的问题或是可能冒犯对方的话题就尽量回避。除此之外,还有可能挖掘到过去曾被提及但并没有聊透的好问题,对这个问题进一步地深入挖掘。

在影音视频资料的搜集过程中,应当注意信息来源的甄别,排除低质量信息的干扰,如果需要作为参考资料或者在节目中引用,务必选择权威平台提供的一手信息。

▶▶▶(来源:东方卫视《今晚》节目话题:天问一号发射升空)

2020年7月23日中午12时41分,长征五号遥四运载火箭将我国首次火星探测任务"天问一号"探测器发射升空,主持人通过视频连线的方式采访了中国空间技术研究院研究员、全国空间探测技术首席科学传播专家庞之浩。

讨论这个话题之前,主持人需要适当了解关于此次火星探测任务的相关专业知识。例如:"天问一号"火星探测器由环绕器、着陆平台和火星车三部分组成,着陆平台将搭载火星车在地表着陆,开展火星探测作业,之所以由三部分组成,是为了一次性实现"环绕、着落、巡视"三大高难度任务。首次探测火星就要"一步到位",这在世界航天史上还没有先例,另外"天问一号"火星之旅面临不少挑战,环绕器在接近火星后进行的"太空刹车"是技术风险最高的环节。

这些知识素材可以通过查阅文献的方式了解,以便掌握关于火星探测的基础背景资料,在访谈开始之前可以与熟悉的航天领域专家讨论访谈方向和可以探讨的细节,也可以提前与访谈嘉宾进行沟通,请教讨论要点。同时,关于深空探测的相关信息,在各大主流媒体也很容易就能获取相关报道作为参考。有了足够的信息量和专业支撑就不难问出好问题。

主持人提问:

为什么首次深空探测就选择火星?

首次火星探测对中国意味着什么?

对火星的探测,从20世纪60年代就开始了,进行了四十多次,这次天问之行有什么不同?

准确踩下刹车,熬过恐怖七分钟,"天问一号"有没有什么秘密武器?

我们知道这次探测器会选择北半球的乌托邦平原,这是基于怎样的考虑?

除了以上提及的,信息收集的方法还有很多,不同的主持人有各自的准备习惯,只要能够帮助主持人更好地梳理思路,都是好的方法。

如果有团队共同完成信息的收集、获得更立体全面的资料,主持人可以在此基础上与团队配合完善相关信息,并做好把关人,在众多信息里筛选出节目最为需要的宝贵信息,提炼出具有个人思考和个性化的访谈方案。当然,团队的信息收集工作不能代替主持人个人的准备,主持人仍需静下心来独立进行大量准备工作,对内容的知识点和可传播的关键要素充分熟悉。

有时候主持人拿到的是已经确定的方案与流程,甚至一字一句的问题文本,在此基础上主持人仍需独立查阅资料,做到对选题涉及的相关领域和访谈核心问题心中有数,对每一个发问的点都没有疑惑,一些关键信息务必亲自核实。遇到没有明确出处的数据、例证或对事实背景存疑的信息要反复确认,否则宁可舍弃。

2　提纲的设计

提纲是前期准备信息的精华呈现,也是对整个访谈核心目标的集中整理,用于帮助主持人理清思路,同时对谈话方向作出指引。提纲的设计主要包括信息筛选、结构设计、要点提炼等。

(1) 信息筛选

主持人在对信息进行收集之后就要作出简单的筛选,哪些是对这次访谈特别有用的信息,哪些是作为背景了解的信息,哪些是无效信息。信息的收集是做加法的过程,而信息筛选则是做减法的过程。在收集到的众多信息里,有一些信息是对本次访谈至关重要的,决定了访谈的侧重点和可能性。这些信息需要特别标记。一些知识性的信息可以作为背景了解,不用特别标记,但也很有价值,事实上这些信息在收集过程中就已经转换成了主持人"广义备稿"的一部分,让主持人对谈话内容本身更加熟悉,提问就更加自信。还有一些信息可能是无效信息,与话题关联性一般,对本次访谈帮助不大,可以直接舍弃。

(2) 结构设计

结构设计是提问准备工作中至关重要的一个环节,是整个访谈核心思路的体现,也决定了访谈的整体布局。

主持人首先要明白为什么要进行这次对话,这次对话要达到一个什么目的,围绕什么主题,向观众呈现什么信息,把握什么样的导向。围绕主题确定背景资料,准备问题。一般来说,背景资料的介绍都是由编导以 VCR 的形式呈现出来的,开场一段短片,交代事实的基本要素 what、when、where、who、why 和 how,即"5w"和"1h"。

在整个采访提纲中,主持人的开场白非常重要。开场白是开启一场对话的前奏,一个好的开场白会马上把观众吸引住。开场白是主持人在节目开始之前的一段介绍,一方面是介绍对话的目的,另一方面是介绍对话的嘉宾以及自我介绍。

介绍对话的目的,可以从一个热门词汇、一个热门事件切入,也可以从一种新的现象、一个新的政策切入,也可以从主持人的一个亲身经历、一个所见所闻切入。这个需要在提纲策划的时候,根据本次话题的内容,选择相应的导入方式做对话目的的介绍,但是所有这些一定要简洁。

介绍嘉宾的时候,一定要有针对性地介绍,而不是把嘉宾的一大堆抬头罗列出来。一定要针对这次对话,嘉宾有哪些专业的背景或者哪些特殊经历在这个话题上最有说服力、发言权,也就是为什么这次对话会邀请这位嘉宾而不是别的嘉宾。这些需要主持人事先提炼。

然后是采访的首句、即第一个采访问题的设计。给被采访者造成的"第一印象"至关重要。因此,好的主持人都很重视第一个问题的设计,这是营造好的"第一印象"的关键,能引起被采访者的注意并且顺利引入主题。访谈的第一个问题应当是比较具体的,避免提"怎样的想法"这种开放性问题。节目主持人就应当根据被访问者与信息接收者比较感兴趣的内容开始,随后进行引导,这样才能够促使访谈节目持续下去。

其次,是采访提纲的结构设计。结构设计的工作包括对本次访谈的内容段落划分、每个段落的时长分配等。

段落划分环节是在信息筛选之后,主持人可以将最感兴趣的点提炼出来,在这些重要信息中能够产生哪些有价值的提问,将这些问题梳理出层次,明确访谈的方向和主要目标,再尝试将主要目标用思维导图的形式串联起来。这样一来,段落结构就自然形成了。

结构明确后,要根据重要程度对每个段落的时长有预先的估算,估算的时长可以结合具体访谈情况在一定范围内浮动,还要预留一些补充问题以备时长不足时使用,也允许一些问题在可能超时的情况下大胆舍弃。比如,主持人王志在每一期谈话节目前,都要拟出上百个问题,最后筛选出十几二十个问题,保证了问题的质量。

在新闻直播访谈中,会有工作人员对时间进度加以提示,如果主持人在前期准备工作中就密切参与了访谈结构设计的工作,在访谈进行中就更加清楚每一个问题分量,也就更加收放自如。

(3) 要点提炼

结构明确后就要进行要点提炼了,每一个段落内所涉及的内容应该怎样形成主持人的语言进行提问,每一个问题应该从哪里切入,如何起承转合都要有深入的思考和设计。主持人可以根据上一环节"结构设计"中涉及的具体内容在筛选过的信息中定位查找,提炼精华信息,在这些精华信息中发掘提问角度和串联方式,再形成每一个段落的提问文本。但是要注意,每一个环节的提问,只能围绕一个问题,不要担心是否单薄,一个环节能讲清楚一个论点就很成功了。

在具体操作中,节目团队的配合情况不同,有时是逐字逐句形成文本,有时是仅提炼提示性的关键词。

▶▶▶(来源:看看新闻 Knews 直播:《大海就在那——中国古代航海文物大展》)

直播形式:访谈式观展

中国沿海十省市 25 家文博单位参展的中国古代航海文物大展在中国航海博物馆举办。主持人通过与嘉宾一起观展的方式进行访谈式直播。博物馆相关的直播对历史文化方面的知识积累要求较高,主持人需要根据访谈主题和展品内容进行信息收集和筛选,对整个访谈的结构进行梳理,提炼出访谈要点。

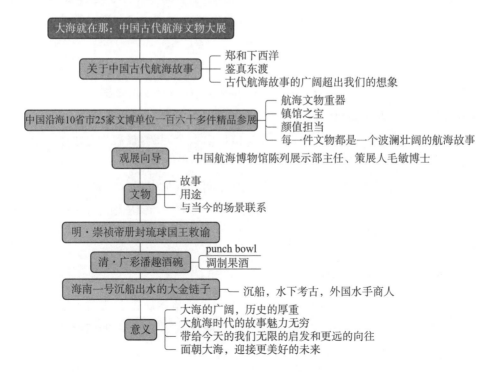

　　由于观展直播的形式是边走边看边讨论，网络直播时间又相对较长，在尽可能使内容饱满的同时，主持人不能随时看文稿提示，必须对访谈内容了然于胸，对接下来要带观众了解的主要文物和将要提及的要点做到心中有数，为了方便记忆，可以制作简单的思维导图，使每一个环节在脑海中精准定位，不遗漏关键信息。导图的结构、顺序、表达方式因人而异，不拘泥于固定格式，以自己习惯的方式即可。

访谈最忌"背台词"式的提问，主持人问出的每一个问题都应该在理解的基础上真诚发问。拿到确认的访谈提纲后，主持人仍要进行二次准备，可以根据自己的习惯对每个环节的要点做一些手写标记或信息补充，作为录制过程中的提醒。手写标记未必是完整的语句，可以是提示性的词语甚至只有自己能看懂的记号，目的是提示思路、唤起记忆，把每一个要点转换成自己的语言，让提问轻松自如。

　　浦东改革开发开放 30 周年之际，第一财经主持人阳子采访了上海浦东新区管委会首任主任，原国务院新闻办主任赵启正。如何通过 30 分钟的采访，回溯并还原浦东改革开发开放 30 年的历史？这需要很强的策划能力。下面是主持人阳子的采访提纲：

　　开场白：习近平总书记在 2018 年博鳌论坛上提到"一滴水可以反映出太阳的光辉，一个地方可以体现一个国家的风貌"，浦东作为一个具有特殊意义的地方行政区域，因为改革开放而生，因为改革开放而新。它是上海乃至中国改革开放的缩影，时光回溯到 30 年前……

　　问题一　30 年前的中国改革开放、经济建设、国内稳定以及国际关系同时遭到了严重困难，西方舆论也用怀疑的眼神看中国的经济改革。当时的困难是新中国成立以来罕见的，邓小平同志提出请上海思考一下能采取什么大的动作，在国际上树立我们更加改革开放的旗帜，改革开放势在必行。当时为什么选择浦东？当时有没有质疑的声音？为什么没有叫浦东特区，而是现在我们说的浦东新区呢？

　　1.1　国际形势

　　1.2　国内形势

　　1.3　上海情况

1.4 浦东历史

问题二 90年代初浦东开发开放的目的,实际上就是要在发展社会主义市场经济的条件下,努力探索一条具有中国特色、时代特征、上海特点的特大型城市发展振兴之路,从而有力推动我国改革开放不断向广度和深度进军。大胆试、勇敢闯,到底怎么试? 怎么闯? 当时有什么金科玉律吗? 我们的原则是什么? 最难的是什么?

2.1 缺钱怎么办?

2.2 功能区建设是怎么来的?

2.3 当时的战略定位是什么呢?

2.4 当时最高光的时刻还记得吗?

2.5 最难谈的项目还记得吗?

2.6 现在我们看到浦东的每一栋高楼是否都有故事?

2.7 张五常表示,很多人认为中国改革开放是奇迹,但他认为经济增长不是奇迹,制度能改变才是真正的奇迹,您同意吗?

2.8 从1990年到2013年前共有123个国家和地区,21 700个外资项目,合同外资780亿美元,每年审批3 000个项目。也就是说每天有2.5个外资项目,您当时接待了多少外商,还记得吗?

问题三 1995年的时候,美国AT&T公司的董事长给了您一本世界分册地图,单独画出了陆家嘴简图,据说您当时特别地开心。这是一份特别的礼物,应该说建设者收获快乐,也有特殊的表达方式。1995年您送了好多礼物,还记得吗? 这些礼物的送出意味着浦东拉开了建设上海国际金融核心功能区的序幕。当时中国人民银行上海总部迁到浦东您好像也送礼物了,是吗? 送的什么?

3.1 1995年6月28日,中国人民银行上海银行搬迁,小白羊礼物。

3.2 1995年9月28日,日本富士银行上海分行开张,红木奔马。

3.3 1995年12月28日,上海招商局大厦落成,雄鹰木雕。

3.4 1996年8月,泰华国际银行从汕头迁至浦东,红木大象。

与此同时,伴随着中外金融机构的接踵而来,多家国际级金融要素市场纷纷落户浦东。

问题四　探索的道路上,有时会力道不足,有时会用力过猛,怎么解决? 有遗憾吗? 大家都相信,如果有这些遗憾也是弥足珍贵的。

4.1　要素流量及规模有限

4.2　整体能级还有空间

4.3　开放广度和深度仍有空间

4.4　孕育本土伟大企业不足

问题五　当前,中国特色社会主义进入了新时代。浦东已经在硬成果上交出了满意的答卷。现在它更要重整行装再出发,打造彰显中国理念、中国方案、中国道路的实践范例,您有什么建议吗?

问题六　现在您可以对当时不看好浦东开发的外国人说你们都错了,这是真实的浦东故事,也是真实的中国故事。如今世界格局在变化,我们如何去转变观念,如何向世界讲好新的中国故事?

赵启正作为改革开放时期浦东新区工作委员会原党委书记、管理委员会原主任以及中共中央对外宣传办公室原主任和国务院新闻办公室原主任,在我国改革开放的历史中具有重要影响力。作为我国改革开放进程中浓墨重彩的一笔,上海浦东的开发开放举世瞩目。而赵启正作为这一伟大进程的第一代建设者,可以说是为浦东建设立下了汗马功劳。有人亲切地称赵启正为"浦东赵",也有人称他为"浦东先生"。

可以说,在浦东开发开放 30 周年之际,能采访到这位德高望重的嘉宾,是非常不容易的。这次采访的提问,第一财经主持人阳子划分了六个大问题,大问题当中又包含了小问题,六个大问题首先确定了整个采访的基调和大的框架,小问题主要是帮助丰富细节。问题以时间顺序展开,遵循了过去—现在—未来的发展脉络。

所以,这个提纲如果是发给采访对象,对方一看就特别清晰:开场白阐明了采访的意图,第一个问题主要是提问浦东开发开放的背景,第二、第三个问题主要提问浦东开发开放的过程(一个从宏观角度入手,一个从微观角度入手),第四个问题是思考总结,第五个问题是展望,第六个问题是建议。六个问题的布局,层层深入,非常有逻辑性。

阳子给出的采访提纲信息量很大,但是非常简洁,要点非常突出,尤其是中间的小问题，她没有把口语提问要表达的所有内容一字一句全部写出来，而是直接列出了要点，这样让对方一目了然，而提问的具体表述，可以根据现场采访临场发挥。

值得一提的是，第三个大问题的切入口非常精妙，它的切口很小："1995年您送了好多礼物，还记得吗？送的什么？"这个问题从表面上看，是问送礼物，而且送的都是一些"动物"。但是，改革开放可不是请客送礼那么简单，送礼物只是一个具体的动作，送礼物的背后，实际上意义非凡，是赵启正一辈的"老浦东"想尽一切办法让政策落地的标志，也是中外诸多有代表性、有影响力的金融机构落户浦东的标志，比如送羊，中国人民银行上海银行新办公楼落成启用庆典大会上，赵启正独出心裁，送了一头"活羊"，寓意迎来了"领头羊"。这背后都是一个个鲜活生动的故事，显然主持人在准备时做了很多的功课。

3 实施方案的设计

提纲设计是相对标准化的，一般的主持人按照预定的提纲一个个问下去，固然是没什么大错的，但是，更加优秀的主持人为了使采访更充分，嘉宾回答质量更高，还需要设计一个针对当前嘉宾特点的提问方案并事先做推演。针对不同的选题，不同的节目类型，面对不同身份、年龄、文化层次、性格特征的谈话对象，提问方案也会有所不同。

（1）基础问题与随机问题的设计

提问中的基础问题是指那些经由事先准备的问题。电视谈话节目在一般情况下，都是以事先计划的基础问题开始访谈，这些基础问题常常根据节目的需要分成若干个层次，它们体现着节目的构思和基本意图，为节目定下了一个整体的基调和框架。但是，在节目开始之后，随着交流的展开，谈话又不可能完全依照原有的结构按部就班地进行，否则谈话就失去了它的自然互动，成为机械的问答。所以，主持人还应该考虑如何拓展谈话的基础结构，在事先想好嘉宾可能回答的角度和方向，做一些预案。

还有一些问题并不能做准备，是现场生成的随机问题，但这些问题也是必要的，常常会帮助主持人获得预想不到的效果。随机问题的提出，取决于主持人对谈话主题和内容结构的把握程度，对谈话对象语言交流中出现的新信息价值的准确判断，以及对谈话对象非语言信息的及时捕捉等，这些都要求主持人具有敏锐的感知、体察和倾听、判断的意识与能力，随机应变，自然转换，促使谈话交流在其基础结构上不断生成丰富有效的拓展结构。

(2) 简单问题与困难问题的设计

提问中的简单问题是指那些不具有威胁性、入侵性、复杂专业性等，对嘉宾来说容易回答的问题。在做方案的时候，一般会把简单问题放在谈话开始，帮助营造一种轻松的谈话氛围。困难问题则指对谈话对象具有威胁性的、敏感的或专业的，嘉宾不容易回答的问题，这些问题要放在后面。

问题的难易，一方面与问题本身的敏感、复杂程度有关，另一方面也和谈话对象的知识背景、理解能力、个性特点等有关，主持人在准备过程中，要根据嘉宾的情况设计提问的难易程度，一般来说，主持人在提出难度问题时常常采取委婉的方式，或旁敲侧击，或投石问路，或暗度陈仓，可以说要使用一些降低难度的策略。后面我们还会详细探讨。

(3) 引发叙述的问题与引发思辨问题的设计

在节目的整体结构中，一般是先陈述人物或事件的基本信息，后谈论人物或事件的是非曲直。主持人的提问，包括了引发叙述的问题和引发思辨的问题。引发叙述的问题是放在前面的，这种采访问题能引发嘉宾的大段陈述，获取必要的信息，这样的提问以顺畅自然、不破坏被访者的倾诉感为原则。

引发思辨的问题，则是有正向、逆向和正逆三种方式。正向提问方式，是主持人顺着受访者的思维和观点进行提问，让受访者充分表达自己的观点；逆向提问则是一切和嘉宾的观点唱反调，全部是质疑性的提问，引发嘉宾不停地反驳、解释和自圆其说。而正逆提问则是为了展现两种观点的对立和冲突，故意制造矛盾，故意选择有争议的话题，这种提问适合一对二的访谈，主持人邀请两位观点对立的嘉宾，让两个嘉宾观点碰撞起来，有点像辩论赛的味道，有时也让观众参与进来，这样更能吸引观众的兴趣和注意。

所以，在准备方案当中，要设计三种问题的配比。不能全篇都在叙述，节目平淡无味,也不能全篇都在吵架,闹哄哄没有营养。

在实际运用中,几种问题常常会有重叠,主持人在提问时,会考虑到各种因素的影响,从而使最终提出的问题具有多重性质,它可能是一个基础的、简单的、封闭的、回应性问题,也可能是一个随机的、有难度的、开放的、质疑性问题,有经验的主持人会视节目需要和现场情况进行灵活的选择和调整。

总之,提问实施方案中要预估到任何可能发生的状况、嘉宾每一种可能的回答,去准备方案。如果这个问题嘉宾给了肯定的答案,我该怎么问? 如果嘉宾给了否定的答案,我该怎么问? 如果嘉宾拒绝回答,我该如何避免尴尬,把采访进行下去。如果出现突发情况,比如设备掉链子,有什么应急预案,这些都要做好,保证万无一失。

4 提问前的暖场

暖场是在访谈开始之前的重要工作,只要时间允许,主持人一定要在正式开场之前与访谈嘉宾再进行简单快速的沟通,这是一次重要的破冰,也是对访谈内容做一次面对面梳理的必要流程。

在这个过程中,主持人需要获取几个重要的信息:一是了解访谈嘉宾对内容的大致态度。将接下来的访谈内容思路与嘉宾交换意见,主持人可以大致了解嘉宾对于事件的观点、访谈结构设置的态度,等等,如果临时发现对内容设置有争议,还有机会及时调整,优化方案。二是了解访谈嘉宾的性格特征、语言习惯。比如是否善谈,表达方式是强势还是谦逊,回答问题是直截了当还是迂回铺垫,语速是快还是慢,状态紧张还是放松,思路清晰还是需要适度提示,等等。开场前的暖场对话能够让主持人更直观地熟悉访谈嘉宾的性格特征、语言习惯,以帮助主持人迅速调整提问策略,力求获得更好的对话效果。三是对接下来对话节奏的预判。在访谈节目中,每个问题讨论的时间长短,信息量的密集与松散,主持人与受访者的状态都会影响整个节目的效果,尤其在直播访谈中,每个问题的讨论时长都要求主持人有较为精确的控制,因此节奏的把握非常重要。结合以上信息的掌握,主持人就能更好地预判接下来的对话节奏,做到收放自如。

此外,通过沟通对话进行暖场,能够让主持人与访谈嘉宾之间建立信任。尤其在新闻直播访谈节目中,由于新闻的时效性要求,从选题的确立到访谈嘉宾受到邀约当中的时间周期很短,主持人与嘉宾在节目开始前的沟通时间非常有限,访谈嘉宾也常常是第一次做客节目,新闻的严谨性又决定了对话较为严肃,这时候暖场对话对缓解紧张氛围、提升访谈质量是很有效的。

当然,暖场的过程中,主持人只与嘉宾沟通提问的主要架构以及每一个段落涉及的讨论方向,没有必要把问题文本逐字逐句打印出来交给嘉宾,因为提前向对方展示逐字逐句的文本往往让访谈变得索然无味毫无惊喜。

暖场还需要特别注意称呼策略。访谈节目的录制是在特定语境中完成的,主持人对访谈嘉宾的称呼既有人际属性又有传播属性,某种程度上还代表着节目的态度,分寸得当的称呼是暖场的开始,也在某种程度上影响着谈话的质量。常用的称呼的方式包括:姓名称呼,职务称呼,特定事务称呼,绰号、网络用语称呼,人际惯用称呼,等等。暖场工作要在礼貌原则的基础上,结合具体情况选择恰当的称呼。

提问准备工作在整个访谈流程中占据着绝对多数的工作量,没有好的准备就没有好的访谈。采访不仅仅是提问,而应该是经过思考、理解、揣摩后的一次探索之旅,应该是一次高质量的交谈。主持人的准备工作做得越细致越全面,对访谈就越有掌控感。

思 考 题

1. 假如你要采访一位学者,谈关于中国经济质量的转型,你都要从哪里查阅背景资料?查阅哪些背景资料?

2. 如果你将要对话一位"新冠"疫情方面的专家,对话播出时长为10分钟,请设计一个采访提纲(至少3个层次)。

3. 在采访的时候,对方某些问题可能不愿回答,但这些问题很关键,你会如何处理?

4. 设计一个事件性新闻采访完整的提问实施方案(采访对象包括事件当事人、当事人的对立面、旁观者、专家学者)。

第五章

提问的实施

这是一段快餐店服务员与客人的对话,在令我们捧腹的同时,也陷入了思考。

服务员:欢迎光临＊＊＊,请问您要点什么?

客人:一个汉堡包。

服务员:辣的还是不辣的?

客人:辣的。

服务员:您要是再增加两块钱就可以换成双层汉堡,可以吗?

客人:好的,双层汉堡。

服务员:请问您还要点什么?

客人:薯条。

服务员:请问您需要大薯条、中薯条还是小薯条?

客人:中薯条。

服务员:请问您要几包?

客人:一包就可以了。

服务员:我们现在最新推出了薯条摇摇乐,您想试试吗?

客人:不需要,给我番茄酱就可以了。

服务员:两包番茄酱可以吗?

客人:要是可以的话,我想要两百包。

服务员:对不起先生,我们这里的番茄酱是限量供应的。

客人:那你跟我废话干什么!

服务员：对不起了先生，您还要点什么？

客人：饮料。

服务员：有雪碧红茶可乐芬达，您需要哪一种？

客人：可乐。

服务员：您要的是大杯中杯还是小杯还是瓶装？

客人：中杯。

服务员：需要加冰吗？

客人：需要。

服务员：加冰稍微多一点还是稍微少一点？

客人：差不多就可以。

服务员：那给您加稍微多一点可以吗？

客人：可以。谢谢。

服务员：不客气，先生。我们最新推出的墨西哥鸡肉卷您不尝一尝吗？

客人：不了，谢谢。

服务员：那么特价的劲爆鸡米花呢？

客人：也不要。

服务员：那么赠送机器猫的外带全家餐您要不要试一下？

客人：不需要，谢谢。

服务员：那好，您是在这里吃还是带走，先生？

客人：带走。

服务员：一共是二十一块零五毛，先生，先生您有五毛钱吗？

客人：有。

服务员：好的，先生，收您一百块零五毛，找您七十九块，差您两块钱，给您四张五毛的可以吗？

客人：好的。

服务员：谢谢您，先生。欢迎您下次光临＊＊＊！

客人：可是我点的东西呢？

服务员：对不起先生，我们外带餐的包装袋暂时用完了，您在这里吃可以吗？

客人：……

服务员：先生,您还有什么要求吗?

客人：我真的想揍你一拳!

服务员：那么先生您想使用左勾拳右勾拳还是组合拳呢?

客人：……

这个段子描述的服务员,是典型的商家培训出来的提问机器,无论任何人进来,任何场景下,一连串的封闭式问题,千篇一律,没有变通,没有策略,所以导致了别人的反感,无法达成提问的目的。

这是一个变化万千的大千世界,主持人每天都在直面变化的群体,每天都在追逐新鲜人、新鲜事,阅人无数。受访者的身份各异,个性更是千差万别,我们怎么让提问更加有效? 提问的时间、场合不同,提问的事件不同,也需要主持人具体问题具体分析。正所谓"一把钥匙开一把锁",提问的实施,需要我们因人而异,因事而异,因时而异,因场合而异。

1　不同提问对象的实施方法

在提问的准备工作完成后,我们已经获取了大量有助于访谈高质量进行的必要信息、完成了访谈提纲的设计、进行了适当的暖场,接下来就是访谈的具体呈现阶段了,也就是提问的实施。提问的目的是得到答案,而提问的水准直接影响到答案的质量。

日常的访谈与提问,我们要与之对话的每个人各不相同,所谓千人千面,世界上没有两片完全相同的叶子。一个人就是一本书,就是一台戏。虽然不可能每个主持人都"阅人无数",能读懂所有人,但是,主持人面对不同的访谈对象,也要有相应的提问策略。在提问实施之前,将访谈对象做一个简单的类别区分和画像,能够帮助我们更好地拟定相应的提问策略。在具体实施阶段,我们可以尝试按照访谈对象的身份、年龄、文化层次、性格特征等做一个初步识别。这个类别不是局限刻板的,而是给提问者一个路径指引,有助于更好地展开对话。

（1）访谈对象的身份分类

一个对业务有要求的主持人在采访中应当避免将提问套用相似的模版,诸如"您现在的心情怎么样""请谈谈你的感想"之类套路化、百搭的问题,面对不同采访对象进行有针对性的提问是最基本的要求。

我们的采访对象都是不一样的个体,他们往往会以自己的方式来回答你的问题。每个人在社会中可以有很多种身份,在不同场景中也会有所不同。具体到一档访谈节目中,访谈对象以什么身份出现在节目里参与对话决定了谈话内容和谈话方式。身份不同,视角便不同,所能提供的信息也就不同,提问的方式自然也应当有所区别。这其中还涉及合作原则、称呼策略、礼貌原则,等等。

公众人物

公众人物是社会上知名度较高或者有一定影响力的人,例如名人明星、焦点人物、发言人,等等。公众人物的公众形象有正面的也有负面的,有备受追捧的,有以严肃形象示人的,也有处于风口浪尖、争议焦点的。

主持人在与明星对话时需要结合节目定位和风格选择适合的切入点和提问角度。例如在新闻访谈中,即便对方是娱乐明星,提问也应保持相对严肃客观,保持节目一贯的语言风格,避免过于夸张的语气和问法。与明星对话时主持人还要注意保持平常心,也就是平视的视角,特别要避免"粉丝"似的盲目崇拜、猎奇式的打探隐私、天马行空任由对方掌控主动权和话题走向等等。

《杨澜访谈录》和《非常静距离》曾邀请过同样的嘉宾——香港"四大天王"之一的刘德华。但因为两个节目给嘉宾定位的身份不同,所以提问的角度和方式完全不同。

《杨澜访谈录》关注的是刘德华电影公司老板的身份,采访主题设定为"那些年我为电影买的单",杨澜上来就单刀直入地对刘德华的电影公司投资影片的盈亏情况进行提问,得知他曾经因为投资电影亏损了四千万不得不拍一些烂片还债时,紧接着杨澜就追问道"为这些烂片买单,有没有觉得很委屈?""当初为什么要做投资人,是不是也希望对自己所热爱的这个事业有多一份的掌控","给别人出钱拍电影,其实跟你没关系,为什么还要帮忙",在这些看似温和却句句都是重点的层层追问中,刘德华把电影公司的经营战略以及其中的辛酸苦辣讲述给了观众,在一问一答的访谈中,杨澜把一个老板刘德华解读给了观众,十分精彩。

而李静的采访主题则是"我不是天王",是以一个普通人的身份采访刘德华,提问之初,李静就这样说道"北京天这么冷,你看着身体还挺好啊,这不穿袜子就来了"。刘德华顿时大笑起来,在李静的调侃中,刘天王少了很多拘谨,气氛也变得更融洽。在谈到刘德华平时的饮食,李静说道"有些饮食习惯还真不一样,你看那外国电影里老公工作一天回家了,老婆给一个三明治就高兴得不得了,这要在中国,不得炒几个菜,反正要是我老公,估计得发大火啦",李静虽然没有直接地提问,但是率真、爽朗的语言,可以自曝隐私,让嘉宾不自觉地放下了包袱,分享自己的生活。在《非常静距离》里,刘德华是亲切幽默的,李静向观众呈现的是生活中的刘德华,跟普通人一样,有他的悲伤和快乐,让观众感到轻松、自在。

主持人在与处于风口浪尖、争议焦点中的公众人物对话时,要保持冷静中立的视角,不做预设观点式的提问,而是引导受访者客观真实地呈现内心真实的想法,直面争议的焦点话题。同时要尽量避免为了节目效果而采用网络上过于偏激的评论来刺激受访者,不论事实本身如何,通过让嘉宾失控来博取关注度并不是一种礼貌的方式。

主持人在与相对严肃形象的公众人物对话时,要贴合语境,注意提问的严谨和幽默的分寸。

在大多数情况下,主持人与公众人物的对话是基于一个新闻背景。例如,每年的上海书展已经成为上海的一个文化名片,众多知名作家在上海书展上呈现自己的作品,即便没有亲身参与也会通过某种方式进行关注。东方卫视2020上海书展特别访谈《线上朋友圈》节目采访了知名作家吴晓波。疫情期间的上海书展在危机中育新机,在形态上有了很多新的尝试,主持人与吴晓波的对话探讨了"线上线下融合的阅读方式"带来的启示。

▶▶▶（来源：东方卫视 2020 上海书展特别访谈《线上朋友圈》）

主持人：吴老师，您怎么看待线上分享、在线阅读这样一种方式？

吴晓波：我觉得现在我们如果把书想象成这样的一个呈现的话，它仅仅是一个载体嘛，就是它用纸张把它装订起来，那如果你把它剥离开来，它叫什么东西呢？它叫知识。知识可能会有很多种呈现方式，它可能是纸质的书，也可能是个电子书，也可能是个视频。我觉得今天的我们在移动互联网环境下，每一个人跟知识之间的关系已经不再是一本书这样的呈现方式，有很多种呈现方式，所以我觉得我们上海书展通过在线的方式，通过一些阅读的方式，哪怕一些电子书的方式，其实我觉得就是在移动互联网环境下，大家跟知识的交集的一种呈现的改变方式。

主持人：我们也看到如今流行的读书类的应用软件不仅提供书单，还提供很多思维拓展的东西。那用户完全可以自由地选择，为自身所需要的价值内容来买单，您怎么看这样的一种趋势？

吴晓波：我们发现有一个数据很有意思，虽然整个上半年很多产业受到很大影响，但其实图书市场就纸质图书市场的销量并没有下降，全国好像还涨了百分之五点几，我在想可能因为是疫情期间，大家没地方去了，所以在网上买书。然后第二就是数字类产品，我们把它叫作电子书啊，或者说知识付费啊，销售的增长挺快的，比如我们自己的频道里面有一年我们的知识付费产品上半年增长 30％多。所以我觉得无论哪一代人吧，大家对知识的渴求，这个基本面并没有发生太大的变化，变化的是可能知识本身的主题发生变化了。第二呢，知识传达的媒介发生变化，我觉得今年你看到有很多直播，对不对？有很多出版社的老总啊，甚至包括其他行业的人，大家都通过直播，直播是干嘛呢？就是我们通过这种新的媒介的方式，这种新的连接的方式连接我们这些消费者，那直播能解决问题吗？只能解决一个触达的问题，我向大家通过直播推荐一本书，但你最终还需要去购买，去沉浸式地学习和阅读。

在这期节目里，主持人与嘉宾的对话以上海书展为背景，以上海书展在这一年度呈现出的新变化为话题，在紧凑的线上对话中，对新的阅读方式、传播方式进行了探讨。

普通人

事实上,我们遇到的大多数人都是普通人,普通人作为被采访者走进节目,或是拥有不普通的经历,或是拥有不普通的视角、或是拥有不普通的作为。每一个普通人都值得被平等相待,真诚提问。只要善于挖掘,即便是普通人也有深刻而动人的故事。人与人之间有着共通的情感,即便经历不同,情感的体验总是相似的。提问越朴素,回答越动人。

▶▶▶（来源:东方卫视 2020 上海书展特别访谈《对话记录者》）

一场突如其来的疫情让众多默默奋战在医护岗位的普通人成为大家特别关注和值得敬佩的白衣战士。东方卫视 2020 上海书展特别访谈《对话记录者》,主持人采访了《查医生援鄂日记》作者查琼芳医生。

主持人:我在想,写日记对于您来说,在那个时候面对重重的压力和对未知的恐惧的时候,是不是也是一种解压的方式?

查琼芳:因为那个时候我们从微信上看到的很多东西都是说疫情发展得怎么样啊,然后呢,你看了那个东西以后,你就会觉得心情不是很好,另外工作压力也比较大,所以就需要找一些舒缓自己情绪的东西,所以那时候我说我写写工作汇报吧,其实一开始真不是以日记的形式来写,我们医院宣传处把我写的东西就稍微修改了一下,以日记的形式,然后发出来了。

主持人:这个作品受到了很多朋友的关注,今天有机会面对面地问一下您,当时这段时间你们是怎么扛过来的?

查琼芳:很快开了第一次的党员大会,国家卫健委的副主任也来看望我们了,跟我们说我们有国家制度的优势,所以感觉那个时候就觉得你往前冲,后面肯定会有很多人来支持我们。所以说真正工作一段时间以后,你发现其实就是工作苦一点,然后时间长一点,不吃东西,不上厕所,但是还是都能坚持的。

主持人:这本书当中您也说:"一些细节今后可能您本人也会忘记",这本书您真正希望大家记住的是哪些呢?

查琼芳:吸取经验,把我们的公共卫生这一块搞得更好,就是以后如果面对同样的情况,一方面我们就有这个准备,有这个思想,有这个能力去很快地应对；另外一方面希望被记住的，就是医护人员在临床一线的话，都是为病人考虑的。对我们以后的医患关系，我希望有一个挺好的促进作用。

这次的访谈嘉宾是疫情中众多挺身而出的援鄂医生中的一员，普通却也不平凡。在朴素的对话中既呈现了普通医务工作者面对未知所难免的压力和顾虑，也展示了挺身而出的勇气和医者的担当。

普通人的面孔有很多，每一个普通人内心世界的丰富程度超乎想象。在提问的过程中，我们还应当注意，与普通人的对话和与明星、专家的对话一样要重视保持平视的心态。在提问中要注意保持普通人的同理心，保护对方的自尊心，要特别注意避免居高临下、咄咄逼人，更要杜绝把他人的尴尬作为节目的话题甚至幽默方式。

行业专家

行业专家是对某一门学问有专门研究、擅长某项技术的人，他们常常是在某个领域具有一定成就和影响力的人物。

在上一章"提问的准备"部分我们已经提到过，与行业专家对话时，主持人必须要求自己尽量不要问"外行话"，背诵问题式的尴尬请教并不能激发访谈嘉宾的表达欲，不懂装懂的傲慢往往无法掩饰内在的心虚。

与行业专家的对话尤其考验主持人准备工作的充分程度，要想不露怯就必须把功课做足，即便是遇到过去一无所知的领域，也必须要求自己至少掌握入门知识。唯有大量的阅读、大量的资料收集才能帮助主持人避免问出愚蠢的问题，而这一准备过程无法请旁人代劳，主持人务必亲力亲为。

对于该行业相关话题可能涉及的一些专业术语主持人要有所了解，对基本概念要有清晰的认识，如果节目中需要提到该行业常用但公众不熟悉的、深奥难懂的专业名词或专业提法，主持人就要在理解的基础上引导嘉宾作出通俗易懂的阐释。如果主持人的提问能够在适度且得体的范围内鞭辟入里触及行业痛点和棘手话题，就能使话题进入深层次探讨，也会刺激嘉宾迎接挑战的本能，这样的对话便会很有张力。

特定事务身份

特定事务身份是在某一个重要会议或事件中承担一定任务所具有的相应身份。例如人大代表、事件当事人,等等。主持人在提问时对采访对象的称呼要结合所属身份,谈论的话题要紧紧围绕这个身份本身代表的责任义务或对事件本身的价值。

▶▶▶（来源:《面对面》采访张伯礼:把"胆"留在武汉）

董倩:您是 1 月 27 日过来的? 您是接到什么任务?

张伯礼:我是 1 月 26 日接到任务的,让我转天早晨到北京机场集合,我说什么事,他说就是到武汉去。我说多长时间,他们说三个月。我说那么长,我说准备什么东西,他说不知道。我说还有谁,不知道,什么都不知道,就接到通知准备来。知道当时武汉的疫情很重,也有思想准备要来,甚至自己想申请来,但是来那个瞬间……您太厉害了,这么一下触到泪点上了。

董倩:张老师,为什么说到这个时间的时候,您反应会这么大?

张伯礼:还从来没人问过这个问题,所以当时还真是感到很突然,尽管有思想准备,但是还是很突然。

董倩:您身经百战了,按说有紧急的情况请您出去也不是什么新鲜事?

张伯礼:是。

董倩:为什么这一次您回忆起来的时候,情绪仍然会这样激动?

张伯礼:一个是悲壮,因为当时武汉已经从那知道情况是很严重的,并且当时对冠状病毒的了解远远不像现在了解那么多,所以觉得是中央让我去,我这个岁数本身在这摆着,说明疫情很重才让我来负责,否则不会让我这个老头来。

董倩:您可以说不来吗?

张伯礼:绝对不能说,这个也没想到不来,一点都没想过这个,但是我知道它不紧张,不会叫你来这是一个。第二个领导叫你来就是一份信任,这份信任是无价的,绝对不能推。

2020 年 1 月 27 日,年逾七旬的中国工程院院士、天津中医药大学校长张伯礼临危受命,赶赴武汉,参与"新冠"肺炎的救治工作。2月12日,张伯礼率领209名医护人员组成的中医医疗团队进驻江夏方舱医院。央视《面对面》专访张伯礼,此时提问就是紧紧围绕他的特定事物身份和特殊使命。

(2)访谈对象的年龄分类:

少年儿童

主持人与少年儿童的访谈要拥有足够的好奇心、耐心与爱心。

面对儿童,主持人要收起严肃的面孔,尝试与他们成为朋友,用对待小伙伴的方式对待他们,比如蹲下来和他说话,给他一个鼓励,和他一起做个游戏。蹲下或弯下腰,这样就能和他们差不多高,更容易眼神交流了。东方卫视《潮童天下》节目里,主持人常常对小朋友说的一句话是"现在我们是好朋友了对吗"。

小朋友的内心世界非常丰富,主持人的提问可以尽量采用少年儿童习惯的、便于接受的语言,多问他们一些开放式的问题,同时避免成年人视角的说教和家长式的盘问。还需要注意的是,与少年儿童对话也需要保护他们的隐私,提问不能漫无边际。同时要给少年儿童表达真实想法的空间,主持人不要引导少年儿童说出预设的台词或者大人们希望得到的答案。

▶▶▶(来源:《面对面》采访窦蔻)

王志:你好,窦蔻,你这是在做什么呢?

窦蔻:做城墙,玩打仗的游戏。

王志:就你一个人玩?

窦蔻:我爸爸没有时间陪我玩。

王志:那其他小朋友呢?

窦蔻:其他小朋友,他们有时候都要上学呢,因为星期五到星期天他们才能来玩几次。

王志:楼上是干什么的?

窦蔻:我专门写字什么的。

王志:你能不能带我去看看?

窦蔻:行。

王志：保密不保密？

窦蔻：那你们是记者嘛，当然不能保密了。

王志：那对记者，你不是还要分什么记者吗？

窦蔻：是呀，但是你们是大记者。

王志：个子有大小之分，年龄有大小之分，记者没有大小之分。

窦蔻：那当然了，大电视台就有大记者，小电视台就有小记者。

这是王志《面对面》节目中采访一个叫窦蔻的小作家，他6岁就写了一本书《窦蔻流浪记》。采访时，王志就用你在玩什么、谁和你一起玩这样孩子的话题发问，与他拉近距离，提问的表达方式也是孩子式的，比如"保密不保密？"。窦蔻基本上没有什么拘谨和不适，很自然地与王志开始了对话。但是有一点很重要，在对孩子提问时，不能为了节目效果提出孩子无法理解的问题，同时，也应该把正确的价值观传递给孩子。王志在《采访课》一书中也自述了对这个问题的看法：

"窦蔻说自己一般不接受采访的，我问：'那你为什么要接受我的采访？'他说'因为你们是大记者，你是中央电视台的记者。'很显然，成人世界的名利观已经潜移默化地影响到孩子了，面对这样的评价，我此时该怎么接这个话茬呢？ 如果顺着他的意思说下去，让他小小年纪就被灌输这样的思想，这期节目很可能就把小孩子给毁掉了，于是我转了个弯'窦蔻，我当了很多年记者，你想听我说说我的感受吗？ 我要告诉你，记者没有大小之分，只有年龄有大小之分，个头有大小之分，能力有大小之分'"。

这段对话，王志的处理相当精彩。孩子的价值观出现了偏差，王志要及时纠正，但是面对孩子，他不能显露出居高临下的家长式的说教，所以，他很巧妙地用了一个提问："我当了很多年记者，你想听我说说我的感受吗？"这个是征询的语气，不是质问的语气，不会让孩子感到害怕。在接下来对记者大小的解释过程中，他及时说明了记者没有大小之分，很形象地把"大小"换了概念，引到年龄大小，个头大小，能力大小，这些都是孩子能听懂的，能接受的。所以，王志在看似波澜不惊的对话中，毫无痕迹地对孩子的观点做了纠正，确保了节目正确的价值观。

青少年

青少年正走在通往成年人的路上,他们不喜欢被当成小孩子一样对待,因此,向他们提问,可以从他们最近在干什么,有什么计划,等等开始。

青年人是朝气蓬勃、个性张扬的一群人,拥有十足的行动力,也拥有敏感的自尊和叛逆的性情。与青年人的对话要知道青年人关心什么、热爱什么、厌倦什么。与青年人的对话可以尝试避免兜圈子式的铺垫,减少大长句的提问,大可开门见山,直奔主题。轻快的节奏更适合年轻人之间的对话。

▶▶▶(来源:《可凡倾听》采访福原爱)

曹可凡:"在异国他乡寂寞孤独用什么方法解相思之愁?"

福原爱:"我一般找吃的,或者在网络上买东西,我非常爱淘宝。"

曹可凡哈哈大笑,问:"当你离开中国回日本的时候你最想念的是一个什么样的吃的东西?"

福原爱:"是花卷吧。"

曹可凡认真地倾听,略感诧异地问:"为什么花卷特别喜欢吃?"

福原爱:"因为有一次去打联赛的时候王楠带我去吃。"

▶▶▶(来源:《面对面》采访福原爱)

王志:"昨天比赛你觉得你打得怎么样?"

福原爱:"打得还行。"

王志:"为什么说打得还行?"

福原爱:"因为我高球丢了好多。"

王志:"为什么呢?"

福原爱:"那么多人看着我们的比赛,体育馆也那么大,能不紧张吗。"

王志:"昨天跟以前有什么不一样?"

福原爱:"因为我是第一次和世界冠军配双打,所以特别紧张。"

王志:"王楠对你怎么样?"

福原爱:"特别好,楠姐一个球一个球告诉我,应该打哪儿,说得特别清楚,我特别能理解。"

王志:"那你有压力吗,跟王楠一起配对?"

福原爱："紧张是紧张，但是没有压力。"

王志："如果有一天你跟王楠两个人面对面比赛的时候，你觉得你能打过她吗？"

福原爱："我对战胜中国选手不是特别有信心，因为他们很强。"

王志："但是你也可以进步的。"

福原爱："但是中国选手经常夺得世界冠军，水平都挺高的，所以跟他们打的时候我输是应该的，所以就没信心了。"

王志："大家都觉得你是一个天才，很有天分的一个运动员，是这样的吗？"

福原爱："没有，我从小就练了，别的孩子，四五岁练一个小时的时候，我是从三岁的时候，妈妈就让我练四个小时。所以比别人练得多，进步大，小的时候特别轻松赢得比赛，所以大家会说天才，其实一点都没有。"

这两段的采访过程都很轻松，曹可凡主要从生活角度提问，王志主要从比赛角度提问，但都是以拉家常的形式，没有刻意痕迹。采访朴素自然，体现了福原爱的个性、团队友爱以及运动员的刻苦艰辛，还都提到了王楠。当然也包括运动员心理状态对职业生涯的影响。

当下的年轻人，面对镜头越来越大方，口才越来越好，表达能力越来越强，接受采访的经验也很丰富，只要问题设计巧妙，大多数采访起来都非常流畅。

中年人

中年人相比青年人有了更多社会阅历，少了年轻人的懵懂冲动，又具有充沛的精力、仍然饱满的精神状态，中年访谈嘉宾可能是在专业领域内拥有一定成就的人群，能够为节目带来专业的见解和宽广的视角。主持人在与中年嘉宾进行访谈时，可以将思路想法与之充分沟通，探讨问题切入的角度，适时调整提问策略，使节目更加饱满立体。

老年人

老年人经历岁月沉淀的智慧值得年轻人品读，面对老年人，采访者应当具有虚心请教的心态。当然,老年人在体力上和反应速度上相对年轻人会稍显力不从心,主持人面对老年的嘉宾时,要保持充分的尊重和耐心,语速可以稍慢一些,在有些提问上如果没有得到对方较好的理解时可以做适当的重复。

当然,老年人群中,不同个体的性格和精神状态也各不相同。有些耄耋之年的老人依然精神矍铄、思路清晰,甚至还有些"时髦儿",这时主持人的提问要采用像年轻人一样的方式,在适当的时候还可以表达对老人状态的赞许和鼓励,激发老人的讲述愿望,使交流更加流畅生动。

▶▶▶(来源:《朗读者》)

董卿对话时年96岁高龄的翻译家许渊冲先生。

董卿:其实老爷子现在每天还要工作到凌晨三四点钟,一般的年轻人都做不到。

许渊冲:干脆我夜里做事,这也不是我的,我偷来的,偷谁来的?偷英国一个诗人(托马斯·摩尔)THE BEST OF ALL WAYS,一切办法中最好的办法,to lengthen our days,延长我们的白天;延长白天最好的办法是什么呢?To steal some hours from the nights. 从夜晚偷几点钟。

董卿:就是熬夜。

许渊冲:对,我现在就是每一天从夜里,偷几点钟来弥补我白天的损失。

董卿:您现在天天还在翻什么呢?

许渊冲:最近是翻莎士比亚(作品)。

董卿:最近还在翻莎士比亚(作品),您不是已经翻了《莎士比亚四大悲剧》吗?

许渊冲:莎士比亚已经出了六本,一共交稿了十本。说老实话,能出一本是一本,不敢吹牛,活一天是一天。

董卿:我们现在都要定个小目标是不是?

许渊冲:如果我活到一百岁,我计划把莎士比亚翻完。

董卿:把莎士比亚翻完意味着还有三十多本呢。

许渊冲:不到三十本。

董卿:还有不到三十本。

许渊冲：就算还有三十本吧。

董卿：我发现每一个小目标都很宏大。不过许老先生我之前是很佩服他的，我今天在这样跟他面对面交流之后，我很喜爱他。我就觉得他怎么还能有这么充沛的情感，不仅仅是精力，是情感，在说到某一个动情处的时候立刻就热泪盈眶。你知道热泪盈眶的是年轻人或者说你心还很年轻的一种标志。就说明他的心还是那么的年轻。而且一说到翻译，他真的是乐在其中，你跟他说什么他最后都给你绕回去，绕到他想说的那件事情上。

（3）访谈对象的文化层次分类

文化水平较高

文化水平较高的访谈对象，在参与访谈时对主持人的提问意图往往有较好的理解，沟通成本相对低一些，对于涉及所在专业领域的话题有良好的知识储备，主持人可以将提问的深度做适当拓展。与此同时，主持人也要注意引导访谈嘉宾将晦涩难懂的专业词汇或专业表达转换成通俗易懂的大众语言，必要时还要做好"翻译"工作，用大众听得懂的语言复述给观众听，当然，解读内容准确与否还要及时与嘉宾确认，以免产生歧义。

文化水平较低

面对文化水平偏低的被访者，主持人也要做好提问的和回答的"翻译者"，将专业化、复杂化的提问尽可能转换为通俗易懂的语言，避免在提问一开始就设置了语言沟壑，影响访谈效果。

值得注意的是，文化水平低并不意味着见解不深刻，主持人一定要保持平视和尊重，避免成见。在提问时主持人同样要注意不预设观点，不通过自己的逻辑引导干扰受访者的思路。

敬一丹曾经在《焦点访谈》中做过一期《在沙漠边缘》的节目，她采访的都是一些从未见过摄像机的边远山区的人们。自然的、朴实的山区人和电视台的记者之间总有一道天然的心理距离。在采访开始之前，她对心情紧张的厂长说："您用手拿着一支笔吧。手紧张得没地儿放的时候,拿着笔就会自然放下了。"

当面对一位农村孩子的母亲时,敬一丹有意识地通过语言和采访对象建立起平等、亲近的关系。她在后期的采编手记中写道:"我总不能问一个农村妇女:荒漠化对你家生活状况有什么影响?而是从她孩子的名字叫'沙沙'问起。"她问:"这孩子叫什么?""叫沙沙。"听到这名字,敬一丹装作没听清的样子又问了一遍,并示意摄像机开录。这位孩子的母亲很自然地说"进门是沙,出门也是沙,就叫沙沙。"

(4) 访谈对象的性格分类

主动型

主动型的访谈对象一般性格外向,理解表达能力强,在访问中他们面对镜头不拘谨、热情、大方,有问必答,对访谈的丰富性和完整性有一定的帮助,也在一定程度上使得谈话过程相对顺畅,有时候也使得谈话氛围较为松弛,谈话内容较为饱满。

对于主持人来说,主动型访谈对象的优点不少,缺点也很明显,比如,可能滔滔不绝,无法打断,也可能过于强势,观点偏激,主持人要注意冷静分析灵活应对。

面对主动型访谈对象时,要特别注意时间控制和节奏把握。主持人需要做好引导工作,把控好谈话方向,避免访谈对象的回答过于发散而超出话题范围甚至影响节目进程。当访谈对象滔滔不绝时有可能出于对节目的热情,有可能出于强烈的表达欲,还有可能因为过于紧张。不论是哪种情况,当发现谈话过程中的冗余信息过多时,主持人应当及时巧妙打断,做好话题的衔接转换。

▶▶▶《可凡倾听》采访陈凯歌)

陈凯歌携着作品《妖猫传》来到节目中,陈凯歌导演在节目中滔滔不绝地诉说自己的故事,在这样的情况下,曹可凡并未生硬地打断他,而是用自己的观后感受去打断陈凯歌的表达。

曹可凡:"我其实看完电影,我很难说出某一个具体的桥段感动我,其实感动我的是这里边从人到猫,各色人等他对爱和美的那种执着,那种执着花了多少年,30 年、40 年真的是非常感动我的。"

面对滔滔不绝的访谈对象,主持人可以调整提问方式,多提一些节奏明快的封闭式问题,例如短平快的是非问,提问方向要足够具体、有明确的针对性,避免过多发散式的提问。适当的时候可以帮助访谈对象做一个归纳总结,请对方确认。例如"总结下来您对这件事基本是持支持/反对观点对吗?"或者提示对方,"时间关系,请您用最简洁的语言回答下面一个问题"。

被动型

被动型的访谈对象在回答提问时往往有效信息少,封闭式回答较多,谈话的过程甚至简短到撑不起节目时长。如何让被动型访谈对象打开话匣子,是考验主持人智慧的。访谈对象的被动表现有可能因为准备不足,有可能因为对提问者不够信任而有所防备、有所保留,也有可能临时出于紧张而不知所言。

面对被动型访谈对象,主持人可以试着帮助他们缓解压力放下戒备,时间允许的情况下可以在提问一开始问一些轻松的问题做好破冰,再切入正题。如果被访问者的语言表达能力较差,在尚未准备好之前就涉及关键性的内容,会给被访问者造成一定的心理压力,被访者可能会表现得不知所措,影响谈话质量。

切入正题后,所提出的问题也要循序渐进,给被访问者留有足够的时间进行思考,理清自己的思路。

与面对主动型采访对象的策略正好相反,提问的过程中应当避免短平快的是非问,尽量多问细节,在重要环节多做提示,启发被访者提供更多有效信息。在谈话过程中可以尝试适度给予肯定和鼓励,激发被动型采访对象的表达愿望,变被动为主动。主持人在提问时还可以尝试将语速放慢,降低语言的信息密度,尽可能把问题阐释得足够清楚再抛给对方,给予对方充分的思考和反应时间。

理智型

理智型的受访者对于话题内容有着清晰的思路,访谈过程中能够保持独立的思考,对于合理的追问具备较高的敏锐度和应变能力,表达方式和观点不易受他人影响,与这类受访者的对话常常显得张力十足,观点鲜明。主持人在访谈过程中应当做到准备充分、应对自如,无论是话题角度的切入、对话节奏的把控还是内容的梳理都要做到张弛有度、不露怯。与理智型的受访者谈话是具有挑战性的,谈话双方若是旗鼓相当将会让参与者和观众都感到过瘾。

情感型

情感型的受访者心思细腻而敏感,适度展示真性情的表达容易与观众产生共情。主持人在提问策略上可以适度鼓励,让受访者获得情感上的认可,进而深入表达观点。

然而,情感型受访者的表达也容易情绪化或显得有些夸张,主持人在提问过程中需要及时作出调整和应对,多问具体事实和细节,获取更多有效信息。

以上是我们为大家列举的一些针对访谈对象的初步划分方法。当然,分类是为了给提问者本身提供打开话题的路径,而不是为了给访谈对象贴上标签。一场合格的访谈需要真诚的提问、真心的倾听、真实的临场反应,这些才是考验主持人功底的硬指标。

从某种意义上说,主持人的提问背后代表的是所在平台的态度、公众的立场。因此,不论面对什么身份、地位、文化层次的访谈对象,主持人都应当保持平和的心态,以平等视角待之,既不仰视也不居高临下,以公众视角问出大家真正关心的问题。

事实上,很多被采访对象并不能很具体地去总结自己的研究体系、人生经历、性格特征,等等,主持人可以尝试通过提问的设计,帮助受访者理清思路,完善表达。

2 不同节目类型的实施方法

(1)新闻类、调查类

新闻类的访谈时效性强,以事实为出发点,对信息的真实性要求高,节目氛围相对严肃,语言风格相对严谨。

与之前按照身份地划分不同,调查类的客体,一般是较为复杂的事件,而且是因为某些原因这些事件尚未被公众完全了解。调查类的对话,需要有明确的目标,提问要紧密结合以新闻事件为基础的文案策划和访谈提纲,而且,提问的逻辑很重要,如果逻辑出错,调查的结果很可能就是错的。调查类访谈在提问策略上,可以尝试从小切口进入事件,或者从小事件切入,阐发一个值得公众注意的社会现象。如果调查话题是一个能够被解决的问题,不妨按照发现问题、分析问题和解决问题三个步骤逐渐深入。

(2) 娱乐类

娱乐类访谈整体谈话氛围较为轻松,主要功能是给观众茶余饭后的休闲娱乐生活增添一些趣味。与新闻类、调查类访谈不同,娱乐类访谈在问题设置上往往没有那么严肃,信息的时效性和严谨性相对没有那么强。娱乐类访谈的节目定位决定了娱乐类访谈的互动性更强,同时需要更多幽默感,主持人与访谈嘉宾之间像朋友般插科打诨,目的是给观众带来欢笑,如果同时能够在欢笑中带来一些生活的启发则是锦上添花的。在提问设计上我们还需要注意,娱乐类节目虽然通俗轻松,但对节目品质的追求不能降低,要尽量避免庸俗甚至低俗的提问。

(3) 服务类

服务类节目的定位决定了节目的实用性需求,主持人在服务类节目的对话中要更多关注节目为所服务的人群提供的有用信息,在对话的方式上需要多注意提升亲和力。

(4) 特定对象类(如少儿、老年、妇女、军人,等等)

特定对象类节目的明显特征是每期节目所邀请的嘉宾有着相似的身份或相同的职业,千篇一律的提问难免会让观众产生疲劳,如何在相似中找到不同、让每一期节目都具有新鲜感是主持人设计提问策略时需要思考的。

3 不同场景、语境下的实施方法

对话的场景不同，提问方式也有差异，这里我们介绍一下常见的对话场景和在这些场合下提问需要注意的事项。

(1) 新闻直播

新闻直播访谈的场景一般在演播室内，主播与访谈对象都处于聚光灯下或主播台前，这种对话有一种强烈的仪式感、紧迫感，有着严格的时间限制和精准的选题方向，时效性强、目标明确，这就要求主持人在有限的直播时间内提炼最大化的信息量。新闻直播访谈的话题常常涉及国际国内的时政要闻、社会热点等内容，对主持人的专业功底和新闻素养都有着较高的要求。在新闻直播访谈的提问中，主持人应当做到以下几点：发问简洁、措辞严谨、目标清晰、追问直接、总结到位。

发问简洁

在日常新闻直播过程中，主持人对一位嘉宾的发问或者就一个话题的讨论往往只有三五分钟甚至更短的时长，因此主持人在提问之前需要做大量的准备工作，对所要讨论的新闻事件背景有充分的了解，提炼出多角度的问题，而在直播开始后，就要善于做减法，将问题尽可能简洁、精炼地问出来。

措辞严谨

新闻的严肃性要求主持人必须对每一句话充分负责，问题的设置必须力求严谨。提问涉及的专业术语要准确无误，涉及历史文化、法律法规等知识点要提前查阅资料进行考证。主持人在提问的过程中如果加入评论性语言应以事实性陈述为基础，保持理性、客观、审慎。

目标清晰

问题越精准，回答就越明了。新闻直播访谈要求主持人发问目标明确清晰，主旨明确，避免在不那么重要的信息点上做过多纠缠。新闻直播的时间非常宝贵，如果受访嘉宾或评论员在某个问题上理解有误或回答明显偏离问题本身,就应当及时提醒。如果回答过于松散,就有可能耽误接下来的板块安排,主持人应当给予明确示意,例如:"时间关系,请您以最简短的方式回答我……"或"时间关系,您能否用一句话阐述一下您对这件事的态度?"。主持人还可以尝试用封闭式回答来限定时间,例如"最后我想请问您对这个事件未来的走向是乐观、悲观还是谨慎乐观?"。

追问直接

如果在某些重要的信息点上,访谈嘉宾没有表达清楚,主持人应当及时、直接地追问,力求精准表达。在没有明确听懂访谈嘉宾的核心观点之前不盲目表达赞同,保持独立思考和质疑的习惯。

总结到位

一个新闻话题讨论结束或者一档专题直播的结尾,如果主持人能够作出精彩的总结性评论,能够为节目加分不少。这既和主持人直播前的准备工作相关,也与主持人平时的积累相关。我们无法要求一个主持人在每次访谈结束都能作出满分的即兴总结,但即使是即兴总结也可以有所准备。如果主持人能够做到采访前对访谈层次了然于胸,在采访当中对嘉宾观点有所预判、善于归纳观点中的闪光点,再加上个人对内容的深度理解,就不难作出有质量的评论总结。

新闻直播访谈常常会遇到重大新闻事件的直播、重要嘉宾的专访、突发新闻的直播连线等,这时候主持人的提问既考验开播前的准备,日常的积累,也考验心理素质,主持人需要保持平常心,专注于内容本身,像日常的节目一样去准备和应对。在新闻直播访谈中,主持人要对每一个话题充分、深入了解,并且要求自己有能力对节目里问出的每一个问题提出自己的观点和看法,这些观点未必在节目里讲出来,但有了这些作为支撑就能够对搭档或嘉宾的观点作出迅速的反应。

(2) 电视录播

录播访谈相对新闻直播来说,制作时间较为宽松,录制氛围也相对轻松,内容可以通过剪辑删去冗余、保留精华部分,有着一定程度的容错空间。

因此,被访者在状态上也较容易调试,有助于缓解紧张情绪。在录播访谈中,主持人可以尝试多从不同角度发问,挖掘尽可能多的有效信息。相对应的,被访者的回答内容时长也可以相对宽松,在词不达意或者表达不够流畅的情况下还可以提示被访者进行完善。需要注意的是,为了保证节目的完整性、连贯度,同时确保主持人和访谈嘉宾都保持积极的状态,录播访谈也需要把握质量和数量准则,尽量采取"准直播"方式,主持人应当要求自己以直播状态来完成录播,尽量减少打断重来的次数。有时主持人也会遇到嘉宾要求某一段重来一遍的情况,这时就考验主持人的智慧和控场能力,无关紧要的瑕疵可以保持当前的谈话状态继续聊下去或者换一个方式再次发问以确保状态的连贯性,或者提示嘉宾在录制完成后补录。遇到严重口误或事实性错误则需立即更正。

录播的访谈相比于新闻直播的一气呵成,仿佛更有机会"追求完美",但我们也要认识到,任何的采访都会受到各种主观或客观因素的影响和限制,主持人在提问的策略上也需要作出大胆取舍。正如主持人杨澜在《提问》一书中写道"了解到每一次采访都有其局限性,时间,背景,话题,情绪……提问都必须取舍"。

(3)电话采访

电话采访,是受到客观因素限制无法与受访者面对面采访时采用的方式,采访者与受访者通过现代通信手段进行远程交流以获取节目所需的重要信息或对事件的观点。

电话采访可以分为视频电话、语音电话。电话采访省去了路程成本、时间成本、录制现场的沟通成本,在一定程度上提高了采访效率,随时随地快速获取信息,也让更多远程采访甚至越洋采访成为可能,当然也会有一些天然的劣势。由于是远程建立连接,对话双方无法做到直接的眼神交流或肢体语言的观察,即便是视频电话也常常会有一定程度的延迟,这使得交流表达过程中势必会有一定程度的信息损失,采访者在提问时有必要将这个客观因素考虑在内,在提问策略上作出调整,这其中也包括语气语调上的调整以实现更好的表达。

一般情况下,在采访之前要约定好时间,在约定好的时间段打进电话,一方面对方对这个话题已经有了充分的准备,同时接听电话的环境是适合回答问题和接受录音的,一方面也避免了电话拨过去,对方不方便说话而被拒绝。

(4) 新闻发布会上的采访

新闻发布会上的采访是记者在新闻发布会上向发言人或相关人员进行提问的一种采访方式。新闻发布会上的提问往往只能问一个问题,提问机会宝贵,提问时间紧迫,这就需要在准备过程中做大量功课,梳理背景,反复斟酌提炼问题。在提问时要避免太长的铺陈和过多的自我表现,直切主题,做到字字清晰,目标明确。

虽然新闻发布会上的记者往往只能问一个问题或者根本没有机会提问,但是,要从不同角度多准备一些问题。因为在这种群访的场合,提问时要问出一个大家最为关心的问题且不能与其他记者已经问过的问题重复,如果你只准备了一个问题被别人问过了,那就很尴尬了。

另外,问题选择要根据自身媒体的特点,只有符合自身媒体的特点,有自己的特色,才会尽可能避免与其他媒体记者重复,同时也会起到好的效果。

1996 年 12 月 11 日,对香港来说是别具意义的一天。香港特别行政区候任行政长官这一天就要诞生。凤凰卫视和其他香港媒体一样全程转播。董建华开放媒体发问,现场顿时响起一片抢问声,不过都是以广东话一问一答。吴小莉知道董建华汉语、英语、广东话都很流利,心想应该为凤凰卫视说普通话的观众服务。

这时董建华说:"最后两个问题!"她心中一急,提气大声提问,吴小莉用普通话发问的大嗓门终于吸引到董建华的注意:"董先生,请您用普通话向亚洲区的观众说明,未来 5 年您将如何兑现您的承诺,不负今天高票当选的所托?"

董建华果然以普通话答问。或许是吴小莉用普通话发问的关系,她对董建华的提问,当晚也成为中央电视台新闻中唯一采用的答案。从会场回到公司,她受到英雄式的欢呼。

很显然,吴小莉如果也用广东话提问,即使争取到董建华的回答,也将淹没在广东话答问的海洋中,特色不明显,难以引人注目。而普通话提问与广东话提问形成鲜明对照,在一片粤语声中,很快就能脱颖而出。以普通话提问的策略最大的成功,是得到董建华同样以普通话回答,其意义是跳出了狭窄的粤语受众圈,产生了国际性的影响。另外,吴小莉提问的内容也合适得体,她要求董建华向亚洲区的观众说明他的打算及措施,也就是置香港于亚太经济圈如何作为的角度。不仅问得具体,而且具有战略性,容易引起广大说普通话的受众,以及亚洲区受众的兴趣。这样的问题也只有未来特首回答最为合适。

(5) 随机场景采访

如果说演播室对话是主持人的"主场",那么,到对方提供的办公室、会议室、对方家里等地点的对话,就相当于"客场"了。客场对话是采访对象熟悉的场地,有很多和采访对象相关的元素和信息,所以这里的提问有更多选择的余地,可以从自己观察到的一些细节开始,比如一张照片,一幅字画,一个证书奖状,等等,由这些细节反映人物。

另外,随机场景采访还包括即兴采访。即兴采访一种是有确定采访对象的即兴采访,一种是无确定采访对象的即兴采访。

有确定采访对象的即兴采访是对确定的采访对象临时性安排的采访,例如临时获得的采访机会,临时更换了采访嘉宾、选题方向,准备时间有限,需要采访者结合对采访对象过往的了解和对所需信息的快速提炼来提出有质量的问题。

无确定采访对象的即兴采访所要面对的采访对象有一定的随机性,例如街访,镜头突然对准普通人时往往能捕捉到某种真实反应——被访者没有准备地进入了采访状态。而对于采访者来说,对于接下来遇到的采访对象以及对方所作出的反应无法预知,因而需要作出充分的预判,规划好路人各种反应下各种提问的方案。即兴不是毫无准备地提问,而是在充分准备的基础上灵活应对各种可能遇到的状况。

▶▶▶(来源:《面对面》探访武汉无疫情小区)

董倩:"什么时候第一次出的门?"

路人："有四五天了，我们楼层通知我们可以下来在社区里，分批下来活动，我们就下来了，一看没什么人，我们就下来打一下球。"

董倩："听到能够出家门，能够出楼门，当时什么感觉？"

路人："太高兴了，觉得我们武汉疫情马上过去了。"

路人乙："刚开始其实还蛮难受的，但是到后来已经习惯了，觉得没什么，到后来其实已经不愿意下楼了，还是我妈非要拉我出来运动。"

董倩："第一次出来运动什么感觉？"

路人乙："运动一会，感觉好像真的是春天，跟我想象中的已经不一样了，然后就换上短袖了。"

董倩："这两个月一直在家待着，什么感觉。"

路人乙："我觉得我们在家待着没什么，但是每天看新闻，看医护人员，看到那些志愿者，包括后来看到纪录片里面那些人，他们默默付出的时候，觉得自己在家隔离，真的是很小的一件事情，他们做的是值得被纪念，值得我们去感激的事情。"

董倩："但是你们做的也是很重要的一件事情，你们要是不配合不让出门这个政策，哪有今天这样一个结果，你们也很了不起的。"

(6) 网络直播

网络直播我们需要特别关注观众的收看方式和习惯，移动互联网时代，人们越来越多地通过手机获取信息、发表看法，人们收看节目的方式也逐渐由大屏转向小屏。在此过程中，收看方式越来越便捷了，与之相对应的，观众对内容的选择也越来越多，耐心越来越少。在网络直播的过程中，主持人提出每一个问题之前都要先问自己："我提出的这个问题是不是观众感兴趣的？如果我是观众，我愿不愿意继续看下去或听下去？"相对于电视直播，网络直播对节目的时长限制相对宽松，也给了主持人更多的发挥空间，提问的角度可以更多元，表现形式也更丰富。然而这并不意味着提问可以天马行空、拖沓冗长。

在网络直播的过程中，主持人从直播一开始就要尽量减少没有实质内容的铺垫，直切主题。相比有效信息本身，华丽的词藻和抒情的铺陈并不能帮你留住网络观众。

▶▶▶（来源：看看新闻 Knews 网络直播：莫奈《日出・印象》特展）

《日出・印象》是莫奈的代表作，也是印象派的开山之作，创作 150 年来首次在中国展出。主持人通过与策展人谢定伟一起带观众观展的方式展开访谈。长达一小时的访谈，需要充分的准备工作作为支撑才能让内容饱满而不失趣味。整个直播过程中，主持人尝试增加了故事性讲述，把莫奈作为普通人的内心与情感、生平故事融入整个观展过程，打开专业化的缺口，让普通观众能够看进去。对艺术作品的讲解，主持人常常通过递话的方式来实现提问。尽管时间非常充裕，主持人对时间、节奏的把控仍然不可或缺，对开头结尾的设计、每个篇幅的时长控制也是同样重要。

(7) 特殊场景（如庭审现场、救灾现场）

特殊场景的采访报道最重要的是现场感，采访者代替观众亲历现场，问出观众所关心的问题。每一个提问都要结合对事实背景的了解和现场的观察。

▶▶▶（来源：东方卫视《今晚》抗洪救灾电话连线）

淮河汛情进入"关键时刻"，安徽省防汛形势骤然升级，东方卫视记者陈俊杰跟随上海消防救援队前往安徽芜湖鹤毛镇，主持人与陈俊杰进行了电话连线。

主持人提问：我们了解到芜湖鹤毛镇是此次受灾较为严重的地区，目前当地灾情和群众生活情况如何？另外，上海消防救援队的最新动态，做了什么，有什么救灾计划？

特殊场景的采访往往时间有限，采访者需要抓紧时间问及核心问题，媒体已经报道过的问题就不必占用过多篇幅，多发现现场重要的信息点，将重要信息第一时间呈现给观众。特殊场景的采访还要特别注意情绪的控制，采访过程中不要刻意煽情，感情用事，也要注意保护当事人的隐私，对被采访者保持基本的尊重。

4 不同采访时长的实施方法

任何采访都有时间限制，根据采访场合、节目设置、受访人实际情况等，采访者所拥有的采访时间长短也会受到一定的限制。同一个话题,在不同的时间范围内,所采用的提问策略也应当有所调整。当采访可用时间足够长,例如三十分钟以上,采访者对问题的设置可以是多角度、多层次的,在每一个焦点问题上可以展开来向纵深挖掘,给受访者充分的表达时间,同时适度追问,以获取更多有效信息。时长较长的采访也要注重提问进度的推进,依照采访提纲循序渐进,除非问题特别重要,否则尽量避免在同一个问题上有太多回合而耽误了后续提问的时间。时长越长越容易产生疲劳,让采访陷入乏味,采访者还需要思考问题的新鲜感和信息量的饱满程度。

当采访时间不那么充裕,例如十分钟左右,采访者需要在充分准备的前提下多做减法,提取最核心的部分进行发问,采访对象能够回答的部分、回答得好的部分多给予篇幅,采访者无法回答、回答不够清晰流畅或回答内容是无效信息的情况下果断取舍、迅速跳过,在有限的提问次数中获取更多有质量的答案。当采访时间非常有限,例如五分钟以内甚至更短,或在新闻发布会等场合上难得的一次提问机会的情况下,采访者的提问内容要像拟新闻标题一样斟酌,提问角度和质量都要经得起传播的考验。在发问之前要准备足够多的问题,再思考和筛选在这些问题里哪些是无论如何都不能舍弃的,那些删不掉的问题才是值得被问出来的。

日本学习领域专家斋藤孝在《如何有效提问》一书中,提出了一种"三色笔记法"。

"我们在当学生的时候总是会把重点放在如何回答问题上,而实际上,真正掌握知识的是那些善于提问的学生,只有经过思考,才会提出有价值的问题。准备一支三色圆珠笔。在听讲的过程中,对方所讲的自己有困惑的部分用蓝色笔写下来,讲的重点部分用红色笔标注,用绿色的圆珠笔记下问题。也就是对方所说的用蓝色和红色笔记录,自己的问题用绿色笔记录。在听讲的过程中,我们可能会不止一个问题,但我们的提问机会可能会比较有限,这就需要作出取舍。我们可以用画圈圈的方式进行分类:三个圈圈表示最急需解决的问题,或者最想提的问题;不太重要的可以用两个圈圈或者一个圈圈标注。这样就可以根据重要程度来提问了。"

这个方法告诉我们在有限的时间内，问题如何取舍，如何找到最核心的问题，把握内容的重点。

5 不同采访数量的实施方法

访谈节目的嘉宾数量受到节目设置、邀约情况、录制环境等因素的限制，主持人较常遇到的有以下几种情况：一对一访谈、一对二访谈、一对多访谈、搭档联合访谈等。访谈节目的呈现是主持人与嘉宾合作的艺术，主持人与不同数量嘉宾录制节目时的合作方式也会有所不同，相对应的提问策略也需要结合实际情况进行调整。

一对一访谈

一对一访谈，即主持人面对单个访谈嘉宾展开的访谈。在一对一访谈中，主持人与嘉宾的合作关系显得格外重要，怎样的提问能够激起对方合作的愿望，怎样的提问会迫使合作陷入僵局是主持人需要思考的。

一对一访谈准备阶段的破冰很重要，开场时的破冰也值得花一些心思。时间允许的情况下，第一次发问尽量选择简单轻松、容易回答的、对方准备较为充分的问题，给对方一点时间缓解紧张尴尬、放下心理上的戒备，等接下来的提问再循序渐进。如果一开始就发起挑战，很容易形成心理上的对立，让对话僵持，或者迫使对方有所保留。当然，遇到善于迎接挑战的嘉宾则可以改变提问策略，直接抛出最核心、最棘手的问题，发问可以更直接，追问的频率可以更密集，在双方都储备充分、谈话水准势均力敌的情况下能让对话显得张力十足。如果是直播访谈，主持人还需要注意，这样的对话有时会有一定的风险，如何掌握好对话的尺度和火候是非常考验功底的，提问的边界和分寸要特别注意，如果没有充分的积累和准备尽量不要轻易尝试。一对一访谈更贴近人际沟通，因此，人际沟通的相关技巧在这里同样适用。

一对二访谈

一对二访谈，即主持人面对两位访谈嘉宾展开的访谈。相比一对一访谈，一对二访谈对话方式更灵活，提问策略也更多样。一对二访谈在提问时，主持人可以试着引导两位嘉宾展开互动式的探讨，而非自说自话，分别回答问题。同样的问题可以重复问到两位嘉宾的看法,如果观点不同还可以进一步深入探讨。提问是开放式的,观点和结论也可能是开放式的。

　　一对二访谈要注意时长的分配,在对话中需要平衡两位嘉宾的谈话篇幅,尽量避免一位嘉宾滔滔不绝,另一位尴尬冷场的情况出现。如果其中一位嘉宾长时间没有介入一个问题的讨论,主持人就需要分析是因为这个问题不适合这位嘉宾回答,还是因为一直没有给予表达机会,或者在谈话中有一些微妙的小情绪。主持人可以通过细心的观察和巧妙的引导来调整提问策略,平衡谈话的篇幅。当然,这并不意味着谈话时长平均分配,当两位嘉宾谈话水准悬殊,或者其中一位观点明显偏激的情况下,主持人可以适当调整对这位嘉宾的提问的频率和问答的节奏。当两位嘉宾观点明显对立时,主持人需要保持客观中立和独立思考,同时不能干扰嘉宾思路或者刻意引导嘉宾朝着自己预设的观点进行解读。

一对多访谈

　　一对多访谈,即主持人面对三位或以上数量的嘉宾展开的访谈。

　　一对多访谈同样也需要平衡几位嘉宾的谈话时长,与一对二访谈不同,一对多访谈在提问内容上需要有所侧重,提问的目标是使每位受访嘉宾表达其专业领域内擅长的、对某个事件知情了解的、对某个话题有深刻见解的内容,在关键问答上可以允许其中一位或两位嘉宾相对多的表达。在有侧重的同时,也需要注意把握平衡,避免其他嘉宾落入陪衬角色,降低谈话的积极性和表达愿望。

▶▶▶（来源:《实话实说》）

　　主持人:(对小观众)你好,小朋友,你今天表现得非常好,因为第一你讲了实话,第二你听得非常认真,你能不能谈一谈听完以后的感想?

　　小观众:我想以后绝对不能再说谎话了。谎话害处太大了……

　　主持人:这些害处你是不是今天第一次听到?

　　小观众:是的。(笑声,掌声)

　　主持人:不知道陈教授是不是在观众的发言中找到了很多很好的办法和很多新的研究课题?

陈会昌：我首先补充一点关于全国孩子撒谎情况的调查，从1991—1994 年，我们在全国 7 个省 13 个城市 430 个家庭调查孩子的社会性发展……所以我觉得这种情况应该引起我们家长、教育界、社会舆论乃至全社会的普遍关注和重视。

主持人：曹先生研究过中国古典美学，你能不能再帮着阐述一下，如果不诚实，或者撒谎会对自己的一生有什么危害？

曹节：大家都知道，在我们中国，做一个诚实的人是一个很大的主题，老的传统说修平其志必须要正心诚意，可见文学之道第一先学的就是诚实。

主持人提问因人而异，针对性强。问小观众，因为是少年儿童，所以两个问题都非常浅显明白，小观众容易回答；至于问陈会昌和曹节两位专家教授，其提问的角度切合两位专家教授的专业，即分别从心理学和文学的角度提问，由两位在各自专业领域有建树的专家回答，具有权威性。由于切合三位对象的年龄、文化程度，问得相当得体。另外，对小观众提的第二个问题问得很巧，把握了儿童心理，使成年受众从回答中获得了期望的幽默效果，活跃了场上气氛。

搭档联合访谈

搭档联合访谈，即主持人与搭档一起对一两位或多位嘉宾展开的访谈。搭档联合访谈的过程中，单个主持人的提问工作被拆解，两位主持人之间也偶尔互相成为对方的提问对象，两人各自对话题本身的观点、态度也将成为提问的一部分。搭档之间要默契分工配合，对提问的结构设置、版面内容安排充分熟悉，对时间的掌控、节奏的引导、对话的分配要有事先的沟通磨合，既要避免互相"抢话"，也要避免尴尬冷场。这样的访谈既考验主持人的专业积累，也考验主持人的职业涵养。

以上是我们为大家梳理的在提问实施阶段针对不同情况可以采取的方法，在实践中还有很多不同样态需要主持人随时做好准备去应对。提问的实施是实现访谈价值的呈现方式，也是好奇心的充分展现。主持人只要善于整理、总结、不断实践，就能让好的提问实现更好的深度探寻。

思 考 题

1. 按照采访对象不同的身份：公众人物、普通人、专家、特定事物身份，分别准备四个提问提纲，并阐述对于四个不同身份的人物，在采访问题的设计上有什么不同。

2. 针对义务教育阶段中小学生作业负担和校外培训负担过重的问题，国家出台了"双减"政策，如果就这一话题进行采访，你会采访哪些对象？分别提哪些问题？

3. 2020 年 5 月 28 日下午，十三届全国人大三次会议闭幕后，国务院总理李克强在人民大会堂三楼金色大厅出席记者会并回答中外记者提问。如果你是一名记者，你将在这次记者会上如何提问？

4. 策划一个辩论类节目的提问实施方案（节目是主持人一对二的形式，有正方、反方两位嘉宾，同时有观众的参与）。

第六章

提问的策略

提问，是一门技巧性很高的语言艺术，一要问得准，二要问得明，三要问得巧。保证这三点都做到，那不得不讲究提问的策略。著名记者邵飘萍曾经说过："同是访问一个人，善问者与不善问者比较，则其所得的结果有天壤之别。"

一个小和尚问大和尚说："师父，我想在诵经的时候抽支烟可以吗？"

师父训斥道："念经的时候怎么能这么不专心呢？真不懂道理！"

另一个小和尚改变了提问的方式，他说："师父，我想在抽烟的时候也坚持诵经，可以吗？"

师父微笑地答应了。

有句歇后语：小和尚念经——有口无心。两个小和尚愿望是一样的，但是因为提问的策略不同，就得到了完全不同的结果。从提问的角度来说，确实，好的提问更容易得到自己想要的结果。但是有人说了，诵经是有固定时间的，在那个时间里，怎么可能抽烟？第二个小和尚虽然得到了肯定的回答，但是相当于没问。所以，提问更要有目的性，要考虑所能达到的结果，所能起到的效果。

比较一下这两种提问：

● "这是你真想要的吗？"
● "这难道不是你真想要的吗？"

这两个提问，虽然看上去很相似，其实产生的效果却是不一样，给对方的感觉也是不一样的。

"这是你真想要的吗?"是替对方考虑，让对方想清楚再回答。

"这难道不是你真想要的吗?"则是有点强迫的意味，感觉已经替对方做了回答。

中国的语言文字博大精深，很多词汇都具有隐藏属性，很多表达都暗藏玄机，主持人采访要做到寓问于谈，看似是平常的谈话，实则是一场精致的策划。

如果说第一章提问的原则是主持人提问的"道"，那么，本章提问的策略则是主持人提问的"术"。"道"是基本规律，"术"是运用规律的法门。在本章节，我们将通过一些例证来与您探讨主持人提问的技巧和方法，让我们在提问过程中更容易达到自己的目的和节目的预期。

1 如何让谈话逐步深入?

(1) 多角度、层层递进、深层次挖掘

杨澜在《一问一世界》当中这样写道:"采访提问，其实像是一次探险，像是一种对人性的探险。一个从未见面的人坐在你面前一个小时的时间，人家凭什么要告诉你呢，就好像你进入一个丛林，您只是大概知道一个方向，并不知道中间会遇到什么河流、什么沟壑，提问采访就变成一次有趣的旅行。"现在，就让我们开启一次有趣、多角度层层递进、深层次挖掘的旅行。

提问，就像挖掘宝藏的铲子，一铲子，一铲子，越挖越深，让那些埋在最深处的宝藏重见天日。多层次、多角度的提问采访，就是挖掘宝藏的过程，主持人可以全方位、立体式、深入地了解采访对象的思想，了解事物的真实面貌。

▶▶▶(来源:杨澜采访通用电器总裁杰克·韦尔奇)

杨澜:给我们讲一下，你在通用电气最初几年的经历。

韦尔奇:糟透了。

杨澜:你说过，任何人都不应该成为制度的受害者，是什么意思?是哪些经历使你得出了这样的结论?

韦尔奇：我认为自己在通用电气公司的第一年干得很出色。当时我是一名工程师，那年年底老板给我加了薪，但所有人都加了同样数额的薪水。当时我认为平均主义是官僚作风的体现，所以就想离开公司。我太太当时已经怀孕，去了她父母家，而我则要离开公司去寻找一份新工作。那时有人劝我留下，而我老板的老板也终于说服我留了下来。那是一段比较困难的日子。我一直对别人说：不要让公司改变了你，你必须保持本色，对自己忠实，假如公司不能理解你，那就离开它，别再多想。我的意思是说，去找一个适合你自己的地方，千万不要去那些迫使你作出各种妥协、使你感到别扭的地方。官僚作风的表现就是一切都讲究形式。假如说我给通用电气带去了什么，那可能就是我的不拘小节。

杨澜：你说过不拘一格十分重要。

韦尔奇：非常非常重要。

杨澜：这种风格是否也适用于其他企业呢？

韦尔奇：我认为不拘一格的风格是一剂兴奋剂——它可以使一个企业效率更高，沟通更广泛，不在任何无聊的事情上浪费时间。这样你就会有更多的乐趣，有更多为成功而庆祝的机会。在一个不拘礼节的企业里，假如公司在市场竞争中取得了胜利，员工们就可以买上几罐啤酒，痛痛快快地庆祝一番，还生活本来面目。

杨澜：你刚做经理的时候就有这种观念吗？

韦尔奇：绝对是的，我们为每一次成功而庆祝。

杨澜：你最初是如何将这些观念融会贯通起来的？是否有哪件事让你有所触动？

韦尔奇：我是通用电气塑料生产部门的第一名员工，当时没有人关注塑料部门，那是一个小部门，被孤零零地扔在匹兹菲尔德，地方很小，但我有机会将我的想法付诸实施，于是我雇用了我的第一个员工，我把他带回家和我的家人见面。

杰克·韦尔奇是通用电气的董事长兼首席执行官，他在 20 年时间里使通用电气的市值从 120 亿美元增长了四十多倍，成为名副其实的"经营之神",而他的六西格玛质量管理体系在中国也备受尊崇。这一期的访谈发生在 2001 年,正值韦尔奇告别管理生涯、准备全身而退之前,杨澜的访谈重新为他梳理回顾了整个管理生涯中最重要的一些时间节点,最重要的一些事件。

提问从回顾韦尔奇刚刚入职时切入,因为访谈涉及韦尔奇的整个职业生涯,所以在这一段不需浪费太多笔墨,主持人选择了单刀直入的提问方式:"给我们讲一下,你在通用电气最初几年的经历。"

而韦尔奇的回答也简单,只用了三个字:"糟透了"。这样的回答有些出乎预料,但主持人显然在采访之前做了很多功课,对韦尔奇有了非常深入的了解,也做了各种的预案,所以她在得到这三个字后,紧接着就引用了韦尔奇自己的话去引导他说出原因:"你说过,任何人都不应该成为制度的受害者,是什么意思?是哪些经历使你得出了这样的结论?"于是韦尔奇从一个公司职员的角度,毫不留情地痛斥了公司管理中的存在那些弊病,也直言对这样的环境很不满意,当时差点离开。

接着,主持人又来了一句"你说过",还是用韦尔奇曾经说过的话去让他解释他所喜欢的公司管理风格。两个"你说过",显得主持人对嘉宾了如指掌,让主持人占据了话题的主动权,仅仅几个回合,没有花费太多时间,就让对方说出了自己不喜欢的管理方式和自己喜欢的管理方式,作出了强烈对比,为未来杰克·韦尔奇上任 CEO 之后进行大刀阔斧的改革埋下伏笔。

> 杨澜:当你于 1981 年担任首席执行官的时候,是 45 岁,对吗?
>
> 韦尔奇:是的。
>
> 杨澜:你是通用电气历史上最年轻的总裁。你说过你当时很担心在几个月时间里进行那么大刀阔斧的改革,是不是?
>
> 韦尔奇:人们时常问我在最初的三年里犯的最大的错误是什么,我说我的动作不够快。他们就说:天哪,你做了那么多事——裁减员工、出售公司。
>
> 杨澜:你做了很多事,让一个中年人坐在这么大一个跨国集团的首席执行官的位子上,是否有些诚惶诚恐?
>
> 韦尔奇:所以当时有点担心,可能是因为我还缺乏足够的自信。

杨澜：你当时没有自信吗？

韦尔奇：我没有足够的自信，那时我的自信远不如今天。假如你在1981年采访我，我会很紧张。

1981年4月，杰克·韦尔奇成为通用电气公司历史上最年轻的董事长和首席执行官。那年他45岁，而这家已经有117年历史的公司机构臃肿、等级森严、对市场反应迟钝，在全球竞争中正在走下坡路。

在接下来的提问中，主持人抓住韦尔奇是通用电气史上最年轻CEO这么一个关键点，开始步步紧逼，直捣黄龙。"你说过你当时很担心在几个月时间里进行那么大刀阔斧的改革，是不是？"又一个"你说过"，主持人不断地用"你说过"三个字，嘉宾为了"对自己说过的话负责"，必须不断卖力去解释，使得谈话内容和节奏一直在主持人的掌握当中："一个中年人坐在这么大一个跨国集团的首席执行官的位子上，是否有些诚惶诚恐？"

这一段对话，用墨也不多，但是，韦尔奇作为最年轻CEO的诚惶诚恐和铁腕改革的雷霆手段形成强烈反差，通过主持人的提问凸显了人物性格。

杨澜：什么让你下决心进行改革？

韦尔奇：我看到办公室里的官僚作风十分严重，举个例子：你提前将一份计划书送到总部，准备和有关人员进行讨论，这时会有一些公司职员接下你的计划书，并对计划书的各个方面进行评价，甚至还会为计划书的封面打分，看封面有多漂亮，然后他们才会为老板们拟出一个问题表，以便在你提交计划书时向你提问。我刚上任的第一个月，调研部的头儿走进我的办公室，交给我一份有着一长串问题的单子，我问这是什么，他说你必须提这些问题，假如你提了这些问题，别人就会以为你已经研究过那份计划书了，认为你了解情况。我说："把它拿走。"

杨澜：难道它们对你一点帮助也没有吗？你怎么可能有时间看那么多的文件？

韦尔奇：我想看的是那些实实在在的东西，谁要看那些死气沉沉的本子？那些本子都是死的，重要的是提交计划的人。假如你能当面向我推销你的计划，我又何必看你的计划书呢？我要看着你的眼睛，我要看到你的激情。

杨澜：但你怎么有时间做那么多事？见那么多人呢？

韦尔奇：我都做到了，那是我的工作。我要了解你关注的问题，还有你追求成功的雄心。我不想看到一个只会写计划书的经理。

杨澜：所以你把公司的管理层从原来的九个环节精简到四个，称之为平面化的无边界的管理方式。

韦尔奇：是的。

杨澜：一个平面化管理系统是否要求首席执行官付出更多的劳动？因为每个人都来向你汇报，因此你必须处理各种各样的意见。

韦尔奇：在一个环节繁多的管理系统当中，有些人高高在上，他们对情况并不了解，他们只是从实际操作的人那里获取信息。

比如你跟那些管理着几个部门的经理开会，才提到第四个问题，他就回答不上了，这时其实就是在浪费时间。因为他们只是把消息传播给你，而不是直接做事情的人。管理环节少了，每个人都有权直接反映工作情况。在这种情况下你必须做两件事：第一，花大量的时间和他们交流，这样有些人会不断进步，有些人会被淘汰——因为他们不再总是按命令行事，一下子失去了方向。生存下来的则因为更多的自由提高了他们的能力，品尝到工作的新鲜感，他们各司其职，不受约束。我可以给你举一些例子：当我们最初开始精简机构时，在位的有些人已经无可救药了，因为他们已经听惯了命令。我们不得不将他们送到别的公司去——他们不是领导人，就像我说的那样，只是个管家——坐在那儿管理他们的业务，好像一切都顺理成章。过多的环节会给我们带来什么？你可以将其想象成羊毛衫：假如你穿了四件羊毛衫，你就感觉不到外面的温度，这是过多的环节造成的。如果你能这么想，你就会尽可能减少管理的环节。这样所有人都能充分了解身边发生的一切，都会胸有成竹。

通过之前的层层铺垫，这时对话已经进入了内容的核心，开始讨论具体的管理变革方式和路径。但是，管理变革是一个很大的话题，涉及方方面面，要问的点很多，如果一个个点分散去问，很容易让人感觉没有重点，谈不深入。所以主持人很巧妙地集中用了三个问题，"你怎么可能有时间看那么多的文件?""但你怎么有时间做那么多事? 见那么多人呢?""一个平面化管理系统是否要求首席执行官付出更多的劳动?"三个问题都把火力集中在了最高管理者本身,在对韦尔奇个人时间精力提出质疑的同时,也引导出了变革的焦点——新的管理方式——平面化的无边界的管理方式。

杨澜:你上任以来,好像已经完成了六百多次并购行动,这其中有多少是失败的?

韦尔奇:大概20%吧。

杨澜:但是你在通用电气创建了"六西格玛"管理制度,这意味着在生产过程中,每一百万件产品只允许有四件次品,这一制度在你身上也同样适用吗?

韦尔奇:如果我违反了这一规定,我就会被解雇。事实上,当你做并购交易时,你必须利用你的嗅觉、智力和本能。所以用"六西格玛"管理制度来评判的话,并购交易的操作有时候并不精确。但总的来说,那些规模较大的并购都比较成功,美国广播公司的并购、即将收购的哈尼威尔复印机公司,都是成功的收购,BROADWAY&CHURHCES 的收购也很成功,他们都是些大公司。大公司的优势在于它的实力允许犯一点小错误,这是大公司唯一的优势。但因为大公司效率低下,内部沟通困难,其结果就是:美国在 20 世纪七八十年代,那些大公司犯了很多错误,他们只是在保持他们的规模,而没有利用他们的规模。

杨澜:这就是"管家式"的经营?

韦尔奇:完全正确。

杨澜:你对这些看得很清楚,因此你不会犯那些错误?

韦尔奇:"管家式"的经营是最不可取的。

杨澜:你在成为首席执行官之后,还犯过别的错误吗?

韦尔奇:犯了很多错误。

杨澜:其中哪些错误是你感到无法原谅的。

韦尔奇:所有的错误都无法原谅。

杨澜:我知道,但有哪一个的确让你觉得很难受?

韦尔奇:那些让我没法吸取教训的错误。

这段对话突出了杰克·韦尔奇管理上的另一大创举——"六西格玛"的质量体系。但是主持人在提问的时候显然不按常理出牌，直接去问韦尔奇"六西格玛"的重要性和作用，而是有点"小坏"地问韦尔奇上任以来的六百多次并购行动有多少是失败的！韦尔奇老实的回答大概20%。这下正着了杨澜的套："但是你在通用电气创建了'六西格玛'管理制度，这意味着在生产过程中，每一百万件产品只允许有四件次品，这一制度在你身上也同样适用吗？"这样的提问可谓是挖坑式提问，有点偷换概念，你看，韦尔奇上任以来并购行动的失败率达到20%。而他所创的"六西格玛"质量体系一百万件产品只允许有四件次品，只允许百万分之四的失败率。这个是不是有点说不过去啊？

对于韦尔奇这样身经百战的企业家，挖坑式提问会让对话变得更精彩，因为他们有100种方式去应对各式各样的提问，你不必担心他会尴尬。果然，韦尔奇马上回怼，用"六西格玛"这种质量管理制度来评判并购交易并不精确。再说了，失败的都是一些小的并购，我们那些规模较大的并购都比较成功。

而主持人似乎并不想在对话中塑造韦尔奇一个"伟光正"的形象，仍然揪住韦尔奇的糗事不放："你在成为首席执行官之后，还犯过别的错误吗？""哪些错误是你感到无法原谅的？""有哪一个的确让你觉得很难受？"韦尔奇显然不想正面回答，也开始打太极，利用文字游戏，始终没有说出具体的某一个错误，但是回答很巧妙得体，无懈可击。所以可以看出，那些看似平静的一问一答，其实背后都是暗流涌动，就像两个高手在对决，你似乎都看不清双方在出招，但是过程精彩异常。

杨澜：你说过你在不断地激励别人，那么是什么激励了你呢？

韦尔奇：我一直在试图制造一种氛围——90%以上的人都认为，通用电气给他们和他们的家人带来幸福。我们刚进行过一次有16 000名员工参加的调查，超过94%的人认为，通用电气对他们和他们的家人很好。我认为这是我最大的成就，我喜欢这种状况。把我们的调查结果给外人看，他们简直难以相信这些数字是真的。我也可以给你看我们的调查结果。

杨澜：我很想看。

韦尔奇：当你看着这些数字时，你会觉得一切努力都是值得的——那么多人对他们在通用电气的经历感到欣喜。这就是我们的目的——让所有人都有很美好的感觉。通用电气今天的成就靠的是集团所有同仁的共同努力。

杨澜：在经营通用电气的 20 年中，公司的平均回报率是多少？

韦尔奇：在我的经营期持有我们股票的人，每年平均回报率超过 20%。

杨澜：当你回头看时，这些数字是否让你感到惊喜？

韦尔奇：更多的是感到我幸运，而不是我聪明。

杨澜：当你独处的时候，你会不会问自己："嗨！杰克，你到底是怎么做到这一切的？"

韦尔奇：我每天都这么对自己说，每天我都在为我身边的人所创造的一切感到惊喜。

杨澜：媒体对你做了夸大的报道，把你塑造成一个神，你喜欢那样吗？你知道这对一个人很危险吗？

韦尔奇：他们没有时间了，因为在他们有机会这样做之前，我就要卸任了。但我也并不担心，因为一直以来，在媒体的报道中我一会儿是英雄，一会儿又成了一个泡沫。英雄、泡沫我都不在乎。让我感到高兴的是，通用电气是目前世界上最受人尊敬的公司，这也令通用电气的 35 万名员工都感到很兴奋。我们一起分享荣誉，因为他们都作出了努力。功劳属于某个人的说法简直是疯话——无数人为此付出了努力，没有任何一个人可以取得这么大的成就。那些杂志只是把某个人印到了封面上，因为他们需要一个封面人物。我现在有了一个出色的后任，他也已经开始上杂志封面了。可我们的企业现在有 35 万人，我们是最受人尊敬的公司，我们将继续享受这一份荣耀。

杨澜：当你离开这座大楼时，你希望人们记住些什么？

韦尔奇：我想让人们记住：我们是一个倾听每一位员工声音的企业，我们要意识到他们在物质和精神上对我们的贡献。

杨澜：尽管韦尔奇谦虚地说，通用电气今天的成就是靠集团所有同仁的努力而来，但是不能否认的是，在他任期内，集团的业绩是前所未有的。究竟这位行政总裁还有什么过人之处，在下面的内容中，继续为您介绍这位管理奇才。

一篇完整而深刻的文章，首先要交代时间、地点、人物，然后是事情的起因、经过、发展，其中还包括了所见、所闻，最后是总结以及对整个事件的感想和议论。杨澜和韦尔奇在谈过了人生经历、职业生涯、管理变革之后，如果要将对话进一步深入，其实就到了总结、感想、议论的环节了。

"你说过你在不断地激励别人，那么是什么激励了你呢？""当你独处的时候，你会不会问自己："嗨！杰克，你到底是怎么做到这一切的？""媒体对你做了夸大的报道，把你塑造成一个神，你喜欢那样吗？"这些都是对于受访者价值观的提问，这种类型的提问最适合放在结尾做主题的升华，因为人做一切事情的方式方法、原始动力，都是源于价值观，所以，前面谈及的所有问题，更深一步来说，都是价值观在起作用，在这个时候谈及价值观，实际上就是对受访者一生动因的总结，很应景，也很实在，也是交流到一定程度自然的流露。而当主持人问到"当你离开这座大楼时，你希望人们记住些什么？"时，我们能够感受到，这个应该就是全篇的结尾了，这句提问的表达方式很文艺，也是开放式的，给受访者带来思考，也给观众带来思考，可以说是引发了很多人的共鸣。对话在思考留白中结束，可谓是自然顺畅却意味深远。

从杨澜对韦尔奇的采访节选中，我们很清晰地看到杨澜对韦尔奇的了解非常深刻，它有重点，有套路，有计划，有发挥，塑造了一个性格鲜明的成功企业家形象，每个框架都尽在掌握，问话不留痕迹，又是层层深入。虽然这次采访距今已经 20 年了，杰克·韦尔奇也于 2020 年逝世，但是可以说这是极为难得的、具有很大参考价值的一个提问案例。

(2) 积极主动融入角色

主持人采访嘉宾，自己不应该是一个置之事外旁观者的角色，处处以隔岸观火的心态看待对方身上发生的事情。主持人的提问，不是走过场，而是走心。

一旦开始了对话，主持人要积极融入对方的角色，"神游"事件发生的场景,"走进"对方的内心世界。同时,也要做到能进能出,也要适时跳脱出来,把握对提问走向的控制和节目的控制。

我们所说的进入角色的实质,是探寻对方真实的诉求,找到对方所扮演的角色。那么,用什么样的方法来融入角色呢？一是知己知彼,对被采访对象有很好的了解,明白对方的底线和内心的担忧。二是要换位思考,摆正自己的心态,要得到好的答案,不管你应用什么技巧,情感真挚、真实、发自内心地为对方考虑是第一位的。三是破冰行动,消除一切聊天的障碍,让对方敞开心扉。四是融入角色,与对话者共情。

知己知彼

所谓知己知彼,一方面是"知己",一方面是"知彼"。知己,是对自己提问的目的、提问的内容框架、提问要达到的效果了然于胸。知彼,是对受访者的背景、受访者的性格特点、受访者的心态牢牢把握。

知己知彼,是积极融入角色要做的第一步。收集信息寻找关注点,了解对方确定关注点,利用提问激发关注点。

就像上面我们用的杨澜采访通用电气总裁杰克·韦尔奇的例子,杨澜连续用了多个"你说过",对杰克·韦尔奇说过的话、做过的事非常了解,成就了一个对话提问的经典案例。

我们很多主持人在对话的时候,很容易主观上为被提问者设置单一的角色标签,这样处理起来可以把问题简单化,但是却很难做到融入角色,因为一个人的角色并不是单一的,是有多种角色的,是在不同环境当中更具象、更具体的角色,所以我们要清楚这次采访我们是要抓取提问对象的那种角色或哪几种角色,我们提问者是不是能和他在角色上重合,有相同的感受和认识,这样就能更好地融入角色。

换位思考

主持人孟非在节目中说过一段话:"我觉得我们每一个人,在这个世界上,除了你的父母可以没有条件地容忍你之外,在所有的人际交往当中,我们都要学会克制自己,拿更好的自己的一面去和别人交往。这个和虚伪没有关系,我们都要在和别人的关系当中,尽可能地考虑别人的感受。"

　　主持人提问被采访者，是为了从对方身上找出一些我们不能直接观测的东西，我们看不到对方的感受、思想和意愿，我们无法观测很久以前的某个时刻对方的行为；我们也无法观测到访问者不在场时的现场情况。同样的，我们看不到对方是怎样对于这个世界和世界上的事物赋予自己的意义。我们必须通过提问走进对方，从而达到访谈的目的。所以，一切的前提是，对方允许我们进入他的思想世界。

　　在提问中，我们要重点关注和考虑的不是自己，而是对方。考虑什么？要考虑对方需要什么。这样的一个思考角度才是真诚、善意的角度。只有考虑到被采访者需要什么，才能有效地换位思考。

　　当然我们可以继续往下思考：他们希望怎么样、希望通过什么方式达到，是否能帮他们做得更好，以及如何帮他们做得更好。这样一个思考逻辑，就会为你融入角色、做好提问奠定了一个心态和基础。

破冰行动

　　在很多情况下，主持人和嘉宾都是第一次见面，当受访者一开始面对主持人时，其实是面对了一个陌生人，尤其是在演播室里的摄像机镜头下，那面对的是屏幕后面的无数陌生人。这个时候，嘉宾的心理戒备是很强的。陌生意味着不了解，意味着不确定性与危险因素的潜在。在很多人基本的认识中，陌生人是某种敌对意味的代名词；"不要与陌生人说话"或者"不要跟陌生人交心"是一种普遍的规则。

　　所以，主持人的破冰行动，是非常关键的一步。一般情况下，在节目录制之前，主持人和嘉宾都要化妆，那么，有可能主持人和嘉宾的第一次见面是在化妆间里，在化妆的间隙，主持人可以开始破冰行动了，化妆的时候因为大家都是正对着镜子，或者需要在上妆的时候闭着眼，互相看不到对方的表情和眼神，这时候交流其实更自然一些。进入演播室之后，摄像、导播要调整机位，后台要试声音，灯光、技术要调试，还是有一段时间给主持人与嘉宾破冰的。

　　破冰行动的提问技巧是什么呢？成功的破冰行动是由怎样的要素构成的呢？

> 主持人：王先生，你好吗？
>
> 王先生：挺好的。
>
> 主持人：最近忙吗？
>
> 王先生：还行。
>
> 主持人：都忙啥？
>
> 王先生：瞎忙。

这样的"尬聊"，往往让对话就进行不下去了，破冰就越破越冰，最后都石化了。

▶▶▶（来源：BTV 明星讲述栏目《光荣绽放》）

> 主持人：你为什么把腿翘上来呢？
>
> 雷佳音：这是显得自信一点。

主持人可能是为了带起气氛，想找找话题，但是问嘉宾为什么跷二郎腿并不适合在节目上提出，像在说嘉宾没有礼貌。

破冰的原则是找到关联，建立关联。这时嘉宾坐在主持人对面，其实给到的信息并不多，从直观来看，只有衣着打扮、精神面貌、口音，等等。即使你在对话之前做了充分的准备，掌握了嘉宾大量的背景资料，但我建议，破冰还是要从直观的问题来进入，这样更加自然，不留痕迹。

> "您今天穿了红色的衣服，您喜欢红色吗？我也最喜欢红色。"
>
> "您是哪里人，听口音好像是四川的。我喜欢四川，尤其是成都的那种悠闲和惬意。"

从衣着、口音入手，进入到一些生活的交集。

只要对话持续达到一定时间，主持人就可以不断从嘉宾的回答里提取一些信息发问：

> "您是英国海归？我也曾在英国读大学啊。"
>
> "您办公地点选在浦东张江？我家离那边很近。"

之后的话题可以是趣味与共鸣。通常一个兴趣广泛与见识广博的主持人，更容易找到适合特定对象的话题，因为拥有的选择余地更大。类似包括同乡、校友、同一专业领域，关联起包括朋友的朋友、共同的爱好、去过同样的地方、面貌与某些熟人的相似处、有兴趣的共同话题,等等。建立关联与相似可以明显缩短与陌生人对话中双方的心理距离,产生"世界真小"的感觉,这是在对话与揣摩过程中最需要注意把握的捷径。总结来看,破冰的方式有以下几种:

> 关联式破冰:"您的书我读过……"
>
> 关怀式破冰:"您以前来过电视台吗?……"
>
> 激励式破冰:"您研究的这个领域非常有价值……"
>
> 幽默式破冰:"我先做个自我介绍啊,我姓胡,但今天这个节目不是听我'胡'说,咱们主要是听您给我们上课。"
>
> 夸赞式破冰:"一看您就是特别上镜的。"

关怀、激励、幽默、赞美式的破冰会让人感到心情格外愉快,千万不要忽视或者是看不起,另外,初次来电视台录节目的嘉宾,主持人可以向嘉宾介绍一下电视台的情况,录制节目的注意事项,所录节目的特点,等等。所有这些细节都是一次成功对话的良好开端,这是融入角色的一个热身。

融入角色

破冰的环节是没有进入节目的,属于线下的热身,真正开始面对镜头的采访后,主持人就正式进入了角色。

进入角色,首先要找准切入点。切入点的选择,与节目风格、节目内容、采访对象的特点等等多种因素相关,一般来说,切入点的选择有以下几种:

● 以小见大选取切入点。小切入点就要选取"小事"或者观察到的"小细节",这对"小事"和"小细节"的要求比较高,一定要能达到以小见大的目的。

▶▶▶(来源:东方卫视《主播有新人》)

> 程前:好,郭老师,为什么剪这个发型?
>
> 郭京飞:我这刚拍完一个戏,演一个间谍啊,抓起来了,就坐牢了,坐牢最后两场戏,就剃了。
>
> 程前:啊,大家在追剧的过程当中会发那个弹幕,(郭:啊,是是)如

果有人提出对郭京飞有什么样的意见,您看到弹幕心情怎么样?

郭京飞:挺好的,我觉得意见都是督促我对吧,这段时间一直就出现的就是郭京飞要努力,赶紧摆脱"花瓶"这个称呼啊,好好的靠实力。

程前:我跟你有同样的烦恼是吧,在主持界的话,一直以"花瓶"著称。

郭京飞:我敢剃头你敢吗?

程前:如果我能上《电视剧品质盛典》,我也敢,(可是)我没这个实力上去。

郭京飞:好反应啊。

● 从发展变化中选取切入点。切入点是事物发展变化的结果,也可能是导致事情发展变化的原因。

比如以下对话,来自《可凡倾听》对潘石屹的采访,主题是《我的坚持与改变》,因为对话主要是探讨人生命运,我们都知道,高考是影响一个人人生命运的重大事件,所以,主持人选择了高考这个切入点,进入人生命运的探讨。

▶▶▶(来源:《可凡倾听》采访潘石屹)

曹可凡:"一个人在一生当中也许会经历很多的人和事,为什么有些人成功了?为什么有些人失败了?坚持和改变是非常重要的,我想今天和潘总我们从一件小事说起。高考对于很多人来说其实是他们命运改变的开始。但是潘总有一些不同的经历,您当时是没有经历过高考,所以那个时候您眼中的高考是一个什么样的东西?"

潘石屹:"高考对于我们这一代人的变化是最大的,可是我阴差阳错跟我要参加的一个高考擦肩而过了……"

● 从"关联度"中选取切入点。比如利用一个新现象,一个新政策,一种新思潮,一个热议话题,一个热词等等与采访对象的关联,以此建立关联。

《艺术人生》主持人朱军采访冯巩,提出了第一个问题:"今天这么多观众,你想说的第一句话是什么?不能说我想死你们了。"朱军之所以选择这一问题为第一个问题,是因为冯巩的"我想死你们了"已经成为了他的"专属"。这样瞬间与被访者建立了关联。

建立共情

共情（empathy），也称为神入、同理心，又译作同感、同理心、投情等。所谓共情，指的是一种能深入他人主观世界，了解其感受的能力。

主持人能进入对话者的内心世界，是一种共情的能力。

（1）

罗杰斯：你在笑什么？

吉尔：你的眼睛在发亮。（两个人笑了）

罗杰斯：你的眼睛也很亮。

（2）

（笑声）格洛利亚：我想我爸爸不会像你这样跟我说话。我的意思是，我想说：上帝啊，你要是我父亲就好了。

罗杰斯：对我来说，你就像是一个可爱的女儿。

共情是由人本主义创始人罗杰斯所阐述的概念，以上是来自《罗杰斯心理治疗》一书中的两个案例，呈现了人本主义心理学家罗杰斯治疗的典型场景，体现了罗杰斯本人与来访者交流过程中的核心理念——同理心。而同理心正是共情在心理学领域的另一个名字。以上两个场景，就是将一个共情式提问表现得淋漓尽致的最好展现。

将欲取之，必先予之。说得简单一点就是，提问，不是单向的索取，而是在沟通中必须知晓的分享原则。如果你自己的什么事都不和人家说，却一个劲对对方的事刨根问底，到最后对方肯定会很烦。这在闺蜜的聊天中体现最明显，一个女孩常对另一个女孩说："我的秘密都跟你说了，你的秘密还不告诉我？"

当然，主持人的采访是面向公众的，不是私下的谈话，但是，主持人向受访者袒露心扉，表达一些自己的切身感受，或是找到与受访者的共同身份，共同角色，就能让采访更加深入。

杨澜在一次采访"虎妈"蔡美儿的时候，一进入正题，就以一个妈妈的身份"抗议"，因为他的《虎妈战歌》一书给读者造成了一种刻板印象，好像华人母亲都是虎妈。于是，这次采访在观点的碰撞中进行下去。

杨澜：在美国被贴上了"中国妈妈"的标签，但是来到中国了，有些中国妈妈会想,蔡美儿真的代表得了我们吗?你如何面对这个?

蔡美儿:在我的书里,我很明确地说,我不是所有中国妈妈的代言人。实际上,我说的是,中国有许多不同类型的母亲。我认为自己这种传统的为人父母的方式更像是移民家庭的为人父母之道。这本书真正的意思并不是关于中国妈妈和西方妈妈孰优孰劣。我也不是为别人代言,这只是想说,为人父母有多难。我认为,我们都希望自己的孩子成长为快乐而强壮的人。我们培养孩子的方式大不相同。我的意图是让这本书更有普世性,试图找到某种平衡。

杨澜:与女儿因为弹钢琴的事吵完之后你做了什么?

蔡美儿:太糟糕了,我哭着跑出饭店。

杨澜:但是你开始写这本书的原因是你经历了和小女儿露露之间的危机。跟我们说说此前究竟发生了什么事情?

蔡美儿:是的。我是在面临危机的时候写了这本书。你知道,我有两个女儿。大女儿很听话,她叫索菲亚。二女儿她总跟我"造反",总是说"不"。在她13岁的时候,实际上她是个很好的学生,小提琴拉得非常棒。她13岁的时候进入了青春期,突然就变得非常易怒。

杨澜:叛逆?

蔡美儿:非常叛逆。她会说,你为什么这么严格?我所有的朋友每天放学后都可以去玩耍,看电视,去购物。为什么我就还得学数学,学中文,学小提琴?我们就这样对峙着。我觉得我是对的,而她认为她是对的。她13岁的时候,我们在莫斯科有过一次很激烈的争吵。我(当时)说,露露,你尝尝这个俄罗斯鱼子酱。

杨澜:鱼子酱非常贵的。

蔡美儿:我说,你真幸运,能吃到这种鱼子酱。我小的时候,根本买不起。来,就尝一点点。露露说,我不想吃。我说,我只想让你尝一点点。所以那次吵架真是有点愚蠢的。但是我觉得它是长期积累的结果,影响长远。我一直试图做到非常严格,最终让她爆发了。她摔了一个玻璃杯,说恨我,说我是个讨厌的妈妈,我的自私让她觉得很不开心。我当时觉得非常糟糕。

杨澜:当着多少人的面?

蔡美儿：在大庭广众之下，当着饭馆里很多人的面，我非常尴尬。

杨澜：刚吵完之后你做了什么？

蔡美儿：太糟糕了。我哭着跑出饭馆，一直跑到莫斯科红场。那个广场很大，我疯了似的跑啊跑，哭着想我该怎么办？当我跑到头的时候，我又掉头跑回去了。我没地方可去。

杨澜：无可逃避，是吗？一旦做了妈妈，就无可逃避。你就总是不得不回头。

蔡美儿：没错，我感到很尴尬。同时我又想，也许我犯了错，这不管用了。这种方式对大女儿有效，对小女儿不起作用了。所以我的确觉得应该放弃某些东西。我意识到，如果自己不改变方式，我也许会失去女儿，她会跑掉的。对我最重要的事是和女儿保持亲情，和她们亲近。就在那个时刻，我下定决心改变自己，倒不是彻底改变，我还是很严格的。

杨澜在《提问》一书中对这次采访运用的手法做了解释："虽然采访的主题是把不同文化和教育背景下的家庭教育、亲子关系以及社会对母亲的评价标准进行对比，但我的定位是与蔡美儿一样的妈妈角色，所以我在提问中'一旦做了妈妈，就无可逃避，你就总是不得不回头'的情绪分享，时常与蔡美儿发生着共情，也促使她的回答更具一位妈妈的真实感受。"

共情，其实就是一种互惠原则下的情感共振。或"同是天涯沦落人，相逢何必曾相识"，或"相逢意气为君饮，系马高楼垂柳边"，或同病相怜，或惺惺相惜，总之，你和他是一条船上的人。

新生代主持人易立竞的提问风格备受关注，她对融入角色的理解是，"共情不是同意、附和，甚至不是理解，它是懂得，懂得是进入对方的内心，甚至和对方的灵魂共舞的结果"。

(3) 还原现场、还原细节

科学家在实验中发现，在人和人交流过程当中，大脑海马体的功效十分显著。海马体是大脑中管理记忆的器官，由它来记忆信息，同时控制何时提取。我们说现场还原能力、对细节的观察和记忆能力，是我们正常的一个生理反应。

主持人提问大多数都在演播室当中，不在事发现场，因此很多时候面临现场缺失的情况，那么对于当事人的提问和采访，就必须通过细节来进行展现。对于还原现场还原细节，最重要的是通过你的提问达到一种情景再现的可能性。

▶▶▶（来源：《面对面》易凡：艰难的重生）

董倩："你皮肤的颜色，在你身体最糟糕的时候，颜色是很深的。"

易凡："对，用了一个叫多粘菌素B的药，药停了以后，三个月到半年，基本上就可以褪掉。"

董倩："回头看看自己那个时候的照片，自己怎么看那个时候的样子？"

易凡："说句实话，我第一次跟别人视频的时候，我们可以看到自己的样子，那时候我是把自己有点吓到了，再后来就习惯了。"

董倩："在经历这个过程的时候，你知不知道，你对未来有一个什么样的判断。"

易凡："当时我还没有想到会这么重，当时因为我们自己有同学也感染过，感觉他反应还好，没有想到自己会到这一步。"

董倩："最害怕的时候有没有？"

易凡："插管的时候就怕，因为所有的插管的医生，还有劝我插管的同事，都是含着眼泪跟我讲的。"

董倩："摆在你前面的最糟糕的可能性是什么？"

易凡："醒不来。"

董倩："做好这个准备没有？"

易凡："想了，当时给我老婆打电话。"

董倩："怎么讲？"

易凡："打不通。"

董倩："她在干嘛？"

易凡："她那天，手机锁在门里面了，也许就是打不通吧，所以好多话没跟她讲，这是老天爷不让我走。"

董倩:"想说什么来着?"

易凡:"家里所有的事情都要跟她交代呀,什么都没交代呢。"

易凡是武汉市中心医院心血管外科医生。2020年1月22日,他在为病人做手术的过程中,身体出现不适,后被确诊感染"新冠"肺炎。易凡的病情不断恶化,陷入三十多天的重度昏迷。在三个月的治疗过程中,由于药物作用,他的皮肤发黑,成为"黑脸"医生。经中日友好医院援鄂抗疫医疗队的全力救治,终于被救回,获得艰难重生。

因为事件已经是过去式,这段对话全部是回忆往事,所以全部是还原现场的方式出现的。主持人的提问,从还原细节方面入手,感染力很强。首先,是还原当时的一个状态:"你皮肤的颜色,在你身体最糟糕的时候,颜色是很深的。""回头看看自己那个时候的照片,自己怎么看那个时候的样子?"主持人两个问题,都是以还原当时状态入手的,提问的目的是先向观众交代一下背景,发生了什么,让大家对事件有一个了解。其次,是还原心情和感想。"在经历这个过程的时候,你知不知道,你对未来有一个什么样的判断。""最害怕的时候有没有?""摆在你前面的最糟糕的可能性是什么?"三个问题,指向了受访者的心灵深处,还原受访者当时的心理活动。"做好这个准备没有?"这个问题,主持人开始把提问导向了还原事件,也就是说,在当时这种糟糕的状态下,以受访者当时的心理,他会作出什么样的反应,什么样的动作。果然,受访者当时确有举动,他给老婆打了电话,但是电话没打通。于是,主持人不失时机地问"想说什么来着?"因为在那个时刻,受访者给老婆打电话,绝不是拉拉家常,肯定有什么重要的话要说,所以得到的回答是,要交代后事。

我们收录的这段对话,虽然不是二十多分钟完整的采访文字,只是截了其中一点点,但通过这一点点管中窥豹,我们看到主持人引导受访者还原现场,把"新冠"疫情肆虐过程当中一个医生所经历的种种磨难,以及他那种临危不惧的大度和豁达,对家人的难以割舍之情全部展现了出来。

主持人还原现场的能力和水平全部体现在提问当中,而这其中的技巧,其实就是一种叙事的技巧:事件的来龙去脉,事件中每个人的心情,在这种心情之下做了哪些举动,发生了哪些关系,涉及哪些时间点,哪些地点,哪些重要物证,这些都可以成为主持人提问挖掘的方向。同时,事件经历者、当事人、事件见证者、对事件有相关研究的人士,成为我们对话的主要对象,而事件现场留下的环境包括自然环境、人文环境、物件信息、历史资料影像文字……就成为我们在提问中不可或缺的重点。

(4) 把握提问对象的心理状态

心理是复杂而微妙的。提问是一种特殊的人际活动,也是一种特殊的心理交互。

主持人的谈话对象涉及社会各阶层,由于生活环境、职业需要、受教育程度、道德修养、性格习惯等不同,心理状态各不相同。既有群体心理,又有个性心理。群体心理,即某一群体在信息传播和互动过程中形成的共有的意识,这个主持人在对话的时候比较容易把握,容易做准备。采访对象的个性心理,则是每个人在特定的条件下所独有的状态反应,这是对话中的难点所在。

首先,每个受访者的心理状态、心理动机都不尽相同。其次,在对话过程中,受访者心理一直在动态的变化当中。再次,你的提问内容,以及你的一举一动都会引起受访者的心理变化。作为提问者,你有时要保持这种心理平衡状态,而有时却要打破这种心理平衡。

在这种情况下,了解一些采访心理学的基本原理,对主持人顺利展开对话、高质量的提问非常重要。

首因效应 近因效应

人与人第一次交往中给对方留下的印象,在对方的头脑中形成并占据着主导地位,这种效应即为首因效应,即人们常说的"第一印象"。近因效应,则是指交往中最后一次见面给人留下的印象。最后一次的印象是最强烈的,可以冲淡在此之前产生的各种判断。

一般来说,在与主持人对话的嘉宾当中,有的是第一次会面,即首因效应占主导,对方往往从主持人的发型、服饰、言谈举止、表情态度中感受主持人的性格、思想、人品等。所以,主持人的第一次亮相,从仪表服饰、言谈举止、态度表情到开场白,都要在事先考虑清楚,以求得体周到,赢得采访对象的好感。

熟悉的嘉宾，已经认识的嘉宾，则近因效应占主导。如果上一次的对话当中，主持人和某位嘉宾聊得不是很投机，没有起到很好的效果，那么，主持人不应该就这么放弃了，应该找机会与嘉宾再沟通一次，哪怕是节目外的沟通，也要做好充分的准备，去弥补之前的缺憾，在这次沟通中如果找到共同点，聊得很深入、很开心，那么，根据近因效应，嘉宾就会忘记上次的印象，对你一直保有这次的印象，以后沟通起来就非常方便。

自己人效应　异己人效应

"自己人效应"与"异己人效应"，是主持人与采访对象之间的一种心理感应。俗话说"酒逢知己千杯少，话不投机半句多"，这是对"自己人效应"与"异己人效应"的通俗解释。

所谓"自己人"，大体上是指那些与自己存在着某些共同之处的人。可以是血缘、姻缘、地缘、业缘等关系，可以是兴趣、爱好、志向，也可以是彼此共处于同一团体或同一组织中。在破冰行动中我们谈到，找到关联与相似，可以明显缩短与陌生人对话的心理距离，"自己人效应"就是当主持人与采访者建立了某种连接之后，对方就会将主持人视为自己人，更进一步，如果在某些观点上一致，对方就会将主持人视为朋友，再进一步，如果视为知己，这样的沟通效果就完全不一样了。反之，则是"异己人效应"。

登门槛效应

在你请求别人时，如果一开始就提出较高的要求，很容易遭到拒绝，而如果你先提出较低的要求，别人同意后再增加要求的分量，则更容易达到目标。这就像登门槛，只要对方乐意稍稍打开一个门缝，就有可能迈进大门，登堂入室了。心理学上形象地把它称之为"登门槛效应"。

在对话当中，主持人与采访对象交谈，也应该灵活运用"登门槛效应"。提问时由易到难，先从采访对象最熟悉或最近发生的事情谈起，试探性提问，然后再顺藤摸瓜，不断深入，从而了解事实的真相。如果要问一些可能引发对方不适的问题，一定要放到最后再问，这样即使对方拒绝，整个访谈也基本完成了，内容都有了，不会影响到全局。如果操之过急，上来就高举高打,一开始就提最尖锐的问题,往往容易引起对方的紧张或警戒,可能"欲速则不达"。从而使采访的大门早早关闭。

蝴蝶效应

美国气象学家洛伦芝(lorenz)于 20 世纪 60 年代发表了一篇论文,名叫《一只蝴蝶拍一下翅膀,会不会在得克萨斯州引起龙卷风?》他说,亚马逊流域的一只蝴蝶扇动翅膀,会掀起密西西比河流域的一场风暴。洛伦芝把这种现象戏称作"蝴蝶效应",意思是一件表面上看来毫无关系、非常微小的事情,可能带来巨大的改变。心理学上把它称为蝴蝶效应。

在对话过程中,如果一个不适当的提问引起对方反感,会导致整场对话质量严重下降,甚至不欢而散。

> 一位年轻记者去采访一家事业单位的女领导,谈话中问及对方有没有小孩。"我还没有结婚呢。"这位女领导无奈地笑笑说,脸上有点尴尬。有经验的记者到了这一步,就应该马上转移话题或者通过其他途径缓解尴尬,而这位记者却脱口而出:"不会吧,你都几岁了啊。"这一句无心之语,使这位女领导非常反感,她马上以临时有事推掉了这次采访,以后不管这位记者怎么联系她,她都不再愿意接受采访了。

主持人在提问过程中,要适时地察言观色,一旦发现自己失言触犯到对方,要及时停止类似的问题,防止发生蝴蝶效应。

超限效应

> 美国著名幽默作家马克·吐温有一次在教堂听牧师演讲。最初,他觉得牧师讲得很好,受到了感动,准备捐款。过了 10 分钟,牧师还没有讲完,他有些不耐烦了,决定只捐一些零钱。又过了 10 分钟,牧师还没有讲完,于是他决定 1 分钱也不捐。到牧师终于结束了冗长的演讲,开始募捐时,马克·吐温由于气愤,不仅未捐钱,还从盘子里偷了 2元钱。

这种刺激过多、过强和作用时间过久而引起心理极不耐烦或反抗的心理现象,称之为"超限效应"。

在对话提问当中,要防止"超限效应"的发生。说白了,就是不要太贪。首先是时间的把握上,应该严格按照事先约定好的时间开始录制,按照既定的时间长度录制,尽量不要超时。其次,在提问时如果碰到采访对象不愿谈或不想谈的时候,则要视情况而定,或转移话题,或通过其他的途径委婉表达,如果穷追不舍,也会引起采访对象无法容忍,导致对话受挫。

安慰剂效应

安慰剂,是由那些既无药效、又无毒副作用的中性物质构成的、形似药的制剂。多由葡萄糖、淀粉等无药理作用的惰性物质构成。安慰剂对那些渴求治疗、对医务人员充分信任的病人能产生良好的积极反应,出现希望达到的药效,这种反应就称为安慰剂效应。使用安慰剂时容易出现相应心理和生理反应的人,称为"安慰剂反应者"。这类人群的特点是:好与人交往、有依赖性、缺乏主见、易受暗示、自信心不足,经常注意自身的各种生理变化和不适感,有疑病倾向和神经质。

主持人提问当中也应该合理应用安慰剂效应。在对话采访中,安慰剂效应指的是主持人通过各种途径,表示对采访对象的关心、同情、慰问和帮助,取得采访对象的认可和信赖,使得对话得以顺利进行。

在一些灾难性或者突发性事件的采访中,主持人对话死难者家属,就要特别运用好安慰剂效应。对死难者家属而言,他们的心情异常悲伤、痛苦,情绪处于敏感和不稳定状态,其实是最需要抚慰的时候,这个时候稍微有一点刺激,也许就会掀起轩然大波。此时,主持人者对死者家属的采访就必须相当谨慎,除了事先要打好招呼,征得采访对象的同意外,在对话过程中,态度上要表现出应有的关怀、慰问之情,要让他感觉是来安慰他的,提问的用词用语上也要恰当周到。既要避免伤害到死者家属脆弱的心灵,又要确保采访的事情真实清晰。

细微处的心理把握

主持人是典型的"台上十分钟,台下十年功"。我们常说"日久见人心",可是,主持人的提问时间往往就是十分钟,二十分钟,不可能花很长时间去了解一个嘉宾,那么,如何在这么短的时间内"见人心",把握嘉宾的心理,以达到自己的目的呢?

其实,一个无心的眼神,一个不经意的微笑,一个细微的小动作,都有可能是一个人心理的反应。熟练地掌握人的身体语言,面部语言,就能够迅速、深入地揣摩出对方的心态和意图,从而在谈话过程中掌握主动权。主持人要善于利用观察到的细微信息,来把握对方的心理状态,作出有效的提问,把控整个对话的方向。一些心理学的教材,曾经提到过下面这些原理:

> 眉毛上扬并挤在一起,那是害怕担忧和恐惧。
>
> 说话时眨眼睛——隐瞒了什么。
>
> 真正的吃惊表情转瞬即逝,超过一秒钟便是假装的。
>
> 当面部表情两边不对称的时候,极有可能表情是装出来的。
>
> 撒谎者不像惯常理解的那样会回避对方的眼神,反而更需要眼神交流来判断你是否相信他说的话。话语重复,并且声音上扬——撒谎。"你去过她家吗?""不,我没有去过她家"。这样生硬地重复是典型的谎言。
>
> 叙事时眼球向左下方看,这代表大脑在回忆,说的是真话,谎言不需要回忆的过程。
>
> 人在害怕时会出现生理逃跑反应——血液从四肢回流到腿部(做好逃跑准备),因此手的体表温度会下降。
>
> 如果对方对你的质问表示不屑,通常你的质问会是真的。
>
> 摩挲自己的手,是一种自我安慰的表现。
>
> 抿嘴两次,典型的模棱两可。
>
> 说话时倒退一步,代表对自己所说的观点没有信心。
>
> 鼻孔扩大、嘴唇绷紧——发火了,但还在控制当中。
>
> ……

一个优秀的主持人,一定是一个自身心理素质很高的人,同时也是一个能把握对方心理的人。所谓知彼,一方面是对受访者背景的了解,另一方面则是对受访者心理状态的了解。对受访者背景的了解,设身处地从他的角度考虑,了解他参与节目的目的和诉求,这是在对话之前的工作,功夫在台下。对受访者心理变化的了解,以做到提问精准,直击心灵深处,这是台上的功夫。

(5) 引导和调动提问对象的情绪

人的感觉、知觉、注意、思考、想象、直觉、灵感、行为,等等,都是心理的反应。情绪也是心理反应的一种形式,只不过有的人情绪外露,有人的情绪内敛,有的人善于控制情绪,有的人不善于控制情绪。

所谓沟通,七分情绪,三分内容。掌握了对话者的心理,实际上就可以调动和引导采访对象的情绪。对于对话来说能达到事半功倍的作用。

掌握受访者的情绪"闸门"

▶▶▶(来源:董倩对话"新冠"肺炎康复患者刘猛《一米五的距离,是经历生死》)

刘猛:"18号发烧1月18号的时候只当作是感冒那个时候根本都没有确诊,因为那个时候都没有核酸那个东西。"

董倩:"家里都谁得上了?"

刘猛:"我小姨,我姨妈,我姑妈都得上了。"

董倩:"你爸爸妈妈呢?"

刘猛:"我爸爸也得上了,应该是被我感染了,就是中间有两次机会,一个是1月14号,一个是1月16号的时候,我在微博上也看到过,还想着说是12月底,然后我也没有去过华南海鲜,然后最后我们在1月20号的时候问我的小姨有没有去过,她当时经过门口买了一些海鲜。"

董倩:"你心里是什么感觉。"

刘猛:"我最大的一个感触就是,那时候我看到我的爸爸很伤心,这个新型冠状病毒就是一个发热,全身乏力,然后有那种胸口闷,这个症状我全部都有。1月24号不是春节嘛,医院人满为患,人生第一次经历过凌晨3点钟排队,晚上12点回家,就是光排队都排了10个小时,而且当时还不允许你住院,那个时候我们去住院,医生一句话,没有床位。我爸跟医生说呼吸困难,医生说没有呼吸机,过年的时候突然说封城,这个时候我爸感觉绝望了,一封城感觉整个城市,那种恐怖的氛围继续增加。因为医院不收我们,我们想办法想住进去,那我只能辗转另一个地方去寻求帮助。

董倩:"在这种不断辗转的过程中,你会有什么感觉?"

刘猛:"我绝望过,我爸爸也绝望过,就是感觉到很失落,感觉被抛弃了,就是感觉医生现在都不救人了,我们跟他聊天的时候,他都会自己跟我们间隔一米五开外。"

董倩:"你在当时怎么看这个一米五的间隔?"

刘猛:"我有点绝望,对医生,或者是对政府有点绝望,真的是感觉到很无助。"

董倩:"就是你不管我了,该管我但是不管我。"

刘猛:"然后我爸爸是在1月25号,大年初一的时候,身体也开始反应了,发烧,我们父子两人根本都连开车的劲都没有了。"

董倩:"但是你父亲病的时候,你好点没?"

刘猛:"没有,还是老样子。"

董倩:"那这医院还是进不去?"

刘猛:"进不去。"

董倩:"最后什么时候进去的?"

刘猛:"方舱医院收的我。"

董倩:"什么时候的事?"

刘猛:"2月6号。"

董倩:"那中间隔那么久?"

刘猛:"隔那么久,就是。"

董倩:"这段时间你的身体状态是什么样的?"

刘猛:"发烧退了一点点,就是稳定在38℃,我爸爸的话也是,发烧带有呕吐,没劲。"

董倩:"谁照顾你们?"

刘猛:"我妈妈。"

董倩:"你妈妈有没有得上?"

刘猛:"我妈妈没有得上,我妈妈很万幸,如果我妈妈得上,那我们一家人真的是,我妈就是徒步走半个小时,去发热门诊给我们拿药,我们当时很担心她被交叉感染,我和我父亲动不了了,那时候真的是很绝望,感觉就是非常愤慨。"

2020年1月下旬，"新冠"病毒突袭武汉，刘猛和父亲以及多位家人中招儿。因为当时事发突然，医院的救治能力跟不上，他和父亲辗转多家医院，都被医院因患者爆满而拒收。主持人先就事实提问，一步步还原事实，引导刘猛把一开始的情况说清楚。但主持人也感觉到刘猛在谈到这里的时候，带着一种强烈的不满情绪。

董倩："那最后是怎么进的方舱医院呢？"

刘猛："我们看到了火神山医院建设，因为这边的五院、七院根本不收，因为它也是爆满的模式。"

董倩："那个时候你能理解吗？"

刘猛："还是不能理解。"

董倩："就是，我也需要医治，但是医院不是不医治，它是没地方。"

刘猛："我当时的确没有理解，我理解的时候是在方舱医院里面，当时是一个江西的护士，帮我写的名字，然后她负责我们那一个西区第二排所有患者的管理和治疗。"

董倩："你为什么对这个护士印象那么深？"

刘猛："因为她很好，因为当时我们去的时候，她当时问我多大，我说我24岁，她说你不要怕，你很年轻。她说你相信自己一定没事的，我们这边有上海华山的医疗团队，和江西的，我们会竭尽全力救助每个患者，这个话一说心里很暖的。"

董倩："那你辨认她的话，主要是靠什么呢？"

刘猛："辨认她的话，就是靠她们背上的名字，江西后面会写一个，应该是姓杨，还有四个字祖国必胜。"

董倩："她再怎么防护会露出两只眼睛。"

刘猛："对，会露出两只眼睛。"

董倩："她眼睛长什么样？"

刘猛："她眼睛就感觉有一种给人信心的那种感觉，感觉你看着她，她不会被害怕所吓倒。"

董倩："那你应当熟悉的护士，不仅仅是这位江西的护士。"

刘猛："不仅仅，还有上海华山医院的。"

董倩:"但是你对她印象深吗?"

刘猛:"很深,我跟她的深,不是说话说得多,很了解,但是她是冒着生命危险从江西到武汉来救人。"

董倩:"你刚到方舱医院的时候,你的心态是什么样的?"

刘猛:"很焦虑,因为我所看到的方舱,一无所有,建设 500 人的床位,所有的医疗设施全部要跟上,很难很难,而且又是过年,这不是你国家用钱就可以买到的。这个时候需要强大的国家凝聚力来调动资源,这才能办到,它都是在慢慢地改变。之前有些人情绪不满,可能会闹啊,吵啊,现在的方舱不会,有时候会一起唱个歌,有时候会一起跳跳舞,方舱现在也来了很多心理辅导的医生,这是最关键的。而且我也是很认可的,心理医生来了以后,他就会对你进行疏导,整个方舱的一个氛围,一个情感就可能注入了。"

针对刘猛的不满,主持人并没有激化这一不满情绪,而是适时引导,发表了自己的看法,力图中和刘猛的情绪:"但是医院不是不医治,它是没地方。"通过主持人的引导,刘猛的不满情绪稍稍回转。

2 月初,刘猛和父亲被接到了武昌方舱医院治疗。然而,虽然住了院,可起初方舱的医疗条件和物资情况都很紧张,刘猛还是心存不满。

因为我们去叙述一件事,一般都是遵循"遇到困难、迎战困难、战胜困难"这样一个逻辑,此时人的心情也经历了"失望、看到希望、重拾信心"这么一个过程。很显然,主持人所期望的对话逻辑也是这么一个顺序,但一定要作出适当的引导。这时,刘猛提到一个护士的态度改变了他的心态时,主持人马上抓住这个转折点,三连问一顿狂轰:"你为什么对这个护士印象那么深?""那你辨认她的话,主要是靠什么呢?""她眼睛长什么样?"在说到这个护士的时候,受访者充满了感激,由此也让受访者的心情彻底从阴霾中走出,顺着对话所预设的"剧情"走了下去,展示了我们面对考验、战胜疫情的强大力量,展示了其中的正能量。

董倩:"受到救治这件事情对你触动大吗?"

刘猛:"触动非常大,因为这完全颠覆了我一个认识观,我那个时候不是还在抱怨武汉的医院不收人吗,其实我们也要理解一下,因为江西的医生从江西跑过来,他们冒着生命危险,因为这个病的传染性太强了,她过来就等于是救我们的命,如果武汉的医生你换位思考一下,他们那个时候也在冒着生命危险。"

董倩:"所以说到这,你这个时候能理解那一点五米的距离吗?"

刘猛:"能理解,这一次的话我真是经历过生死,因为我,相继看到六个人从我身边离去。"

董倩:"你事后想想,如果方舱医院要是能够早一点,再早一点,恐怕不会让你们受这么多心理的折磨。

刘猛:"武汉这次的创伤,疾病,占一部分,更大的是心理创伤,给武汉市人民造成创伤的太厉害了。"

董倩:"然后我又听说你出院以后,还要有新的这个想法和举动,你要捐款。"

刘猛:"对。"

董倩:"什么时候有这个想法的。"

刘猛:"我1月30号那天就捐了,当天就捐了5万。"

董倩:"那个时候为什么,那个时候你不是一肚子怨吗?为什么还要捐款?"

刘猛:"第一人称去感受这个事情,医生在医院里面,医生连防护都没有,作为我们普通市民,也没有办法买到口罩,我没有办法去买到那些防护服,从海外购买这个都是超出了我们能力范围之内,我们最直观的,只能捐钱,你不能因为医务人员的距离,那个时候你愤慨,你不捐钱,武汉它养育了我们,我爸爸是九几年过来的,那个时候我们一无所有。捐款也是尽一下我们作为新武汉人的一个贡献吧。"

董倩:"你想帮谁?"

刘猛:"我想帮的话就是帮一下医护人员。"

董倩:"这是第一次?"

刘猛:"第一次。"

董倩:"那为什么你这回出院还要再捐呢?"

刘猛:"我最感触深的,缺物资,当时我们就想,去通过一些朋友,看能不能采购一批医用酒精,或者采购一些口罩,最直观地去帮助方舱。"

董倩:"所以刘猛你经历过短短半个多月,你经历过这么多,你有什么感触?"

刘猛:"像梦一样,感觉很奇妙,就跟过山车一样。"

作为一段完整的采访来说,最后一段其实是议论、总结、抒情,主持人适时地问了一些总结性的问题"受到救治这件事情对你触动大吗?""所以说到这,你这个时候能理解那一点五米的距离吗?",这些问题在受访者经历了一个过山车式的心理变化之后,显得水到渠成,激发了受访者强烈的表达欲。而在这个时候,当我们认为整段采访将要结束的时候,主持人又抛出一个问题,把整个事件推向另一个高潮。"然后我又听说你出院以后,还要有新的这个想法和举动,你要捐款。""那个时候你不是一肚子怨吗? 为什么还要捐款?""那为什么你这回出院还要再捐呢?"三连问,全是指向捐款的动机。

2月16日,刘猛和父亲痊愈出院,重获新生。他以自己公司的名义捐款5万元,表达对党、对国家、对医务工作者的一种感恩。

我们知道,受访者心理先抑后扬,从心生怨恨到充满感激。那最后怎么去表现这种感激? 怎么去释放这样一种情绪? 主持人把捐款的问题放在了最后,符合事情发展的走向,符合观众的接受习惯,也创造了另一个高潮。如果上来第一个问题就问:"听说你给医院捐款了,为什么?"整个采访就显得没有层次,没有规划。

由此可以看出,主持人提问的策略,在操作层面上有两个最基本的要素:一个是谋篇布局,需要非常强的谋篇布局的能力;一个是掌握受访者的心理状态,做一定的心理按摩、情绪引导,要引导受访者按照整个谋篇布局来谈,引导受访者的心理随着问题的走向而变化。这样,整个采访才显得生动、真实、跌宕起伏。

心理按摩

▶▶▶(来源:《实话实话》采访姜文)

主持人:"你是第一次接受采访对吧。"

姜文:"是。"

主持人:"那为什么不愿意接受采访呢?"

姜文："你没找我呀，我们在《让子弹飞》的过程中，起码找了两次崔老师，但他一次都不找我，他说等这事凉了再说，现在凉了。"

主持人："这个票房到底是多少呢？"

姜文："我是一分钱都没摸着。"

主持人："我能不能这么理解，就是说你作为一个导演，不是特别在乎票房这件事。"

姜文："当着制片人怎么能这么说话呢，我不是说完全无所谓票房，那是瞎扯，但是我觉得，你有所谓无所谓你也算不准，尤其作为导演，有人管这个，你天天死乞白赖管这个，我觉得第一有点蒙事，第二有点寒碜，你把那个剧本写好了，把这个演员找好了，演好了，我觉得它应该有票房。你不能老抟那头，它是个杠杆嘛，你压这头就行，我一直坚持这样一个看法，但是也有压折的时候。"

主持人："压折我们都知道，《太阳照常升起》嘛，你看看这个很有意思，这是我们当时征集的问题，就是说我们要采访姜文导演，你有什么问题提给我，我们筛了一下，但是好多人说不敢提，说是怕姜文骂他们，说他们提的问题愚蠢。"

姜文："我没有直接这么说过吧，而且问题有什么愚蠢不愚蠢的，既然问就是有可能这样有可能那样。"

主持人："这样啊，你愿意解释也行，一句话带过也行，你不愿意回答都行，为什么你自己导的电影都是自己演的呢，你能不能不演自己导的电影？"

姜文："不能，尽管《阳光灿烂的日子》我没演，但是我还是不能，因为我要不演我自己的，我演谁的，他们不找我演戏。"

也许主持人已经感觉到姜文强烈的个性，预料到在采访过程中他会有一些情绪的表达，所以主持人的第一个问题是："你是第一次接受采访对吧。"意思是能请到姜文不容易，也是节目的荣幸，既然来了，就别喷得太厉害了。这是给对方的第一次心理按摩。

"你看看这个很有意思，这是我们当时征集的问题，就是说我们要采访姜文导演，你有什么问题提给我，我们筛了一下，但是好多人说不敢提，说是怕姜文骂他们,说他们提的问题愚蠢。"这明显是又给了双方一个台阶下,不管是问题愚蠢,还是姜文开骂,都是要大家做好心理准备的。这是第二次心理按摩。

之后主持人又加了一句"你愿意解释也行,一句话也行,你不愿意回答都行。"才抛出了问题,这已经是第三次心理按摩了。

心理按摩是一种心理调节术,对于那些比较有个性的采访对象,以及带着情绪的采访对象,做适当的心理按摩,可以使受访者的情绪得以用一种平缓的方式充分释放,顺利完成采访。

(6) 锲而不舍　打破砂锅问到底

大家看了这个题目一定会问,为什么要说打破砂锅问到底呢? 其实,砂锅是泥制成的。人们用它熬中药或者是煲汤,这种锅稍不留意就会打碎,打破砂锅问到底是指砂锅上的裂纹。砂锅一裂就会有"璺"(wèn),而"璺"和"问"同音,所以就变成了追根求源,询问到底的意思。

在生活中,也常常会听到人们说,碰到什么问题要多问几个为什么。丰田生产方式主要创始人大野耐一,举过一个停机的例子,他连续的几个为什么,找到了事故的真正原因。

问题1:为什么机器停了?

答案1:因为机器超载,保险丝烧断了。

问题2:为什么机器会超载?

答案2:因为轴承的润滑不足。

问题3:为什么轴承会润滑不足?

答案3:因为润滑泵失灵了。

问题4:为什么润滑泵会失灵?

答案4:因为它的轮轴耗损了。

问题5:为什么润滑泵的轮轴会耗损?

答案5:因为杂质跑到里面去。

经过连续五次不停地问"为什么",才找到问题的真正原因——杂质跑到里面去了,解决的方法——在润滑轮轴上加装滤网。如果没有以这种追根究底的精神来发掘问题，他们很可能只是换根保险丝就草草了事，真正的问题还是没有解决。这是管理中的所谓 5why 分析法，又称"5 问法"。"5 问法"的关键是鼓励解决问题的人要努力避开主观或自负的假设和逻辑陷阱，从结果着手，沿着因果关系链条溯流而上，直至找出原有问题的根本原因。

主持人采访、提问，其实也是一个探寻真相、解决问题的过程，所以也要有这种锲而不舍的精神。

第一财经主持人白宾一次在采访一位债券基金经理的时候，发现有一只债券基金在一年中的收益率接近 100%，而固定收益类产品一般收益率不会超过 10%。有一位监管层领导就说过，如果固收产品收益率超过 6% 就有很大风险，超过 8% 就要冒着本金收不回来的风险。那这只债券类基金是怎么做到接近 100% 的年收益的呢？

白宾首先向基金经理提出这个问题，基金经理的回答是因为在降息周期中市场利率的下降会使得债券价格上涨，所以债券基金就涨得好。但是，为什么其他基金只能涨到百分之十几，最多 20% 呢？基金经理的回答是，他们的基金可以用比较低的利率在金融市场上融入资金。融资以后就加了杠杆，收益就增加了几倍。把这个问题说清楚了以后，受众就了解到了，原来固收产品在一个降息周期当中也能达到这么高的收益率，使受众增加了一种赚钱的手段。是不是到此就结束了呢？回答是否定的。白宾接着问，那这样就是加了杠杆，加杠杆之后收益率是大了，是不是风险也相应放大了呢？其实这个问题是不言而喻的，金融市场上有句格言：高收益伴随着高风险。这也就提醒了我们的受众。投资这个产品，风险也相对大了很多。万一国家收紧货币，这样的杠杆类债券基金也会转为亏损！通过这样一连串的提问，既让受众了解了债券基金的特性，知道了债券基金的投资方法，同时也提醒了杠杆类债券基金的投资风险。

这就要求主持人的提问，除了要知其然，还要知其所以然。不仅仅是为了自己提问，是帮所有的观众问出问题。

不断地提问，才是接近答案的有效方式。屈原在他的名篇《天问》里，374 句 1553 字，一口气对天、对地、对自然、对社会、对历史、对人生提出 173

个问题,所提出的这些问题当中,有很多都是在他那个时代没有被解决,而他又很怀疑的一些问题,也有屈原自己明知故问的问题。读过《天问》,我们会被他无穷的想象力和求索真理的精神所感动。

《天问》为主持人打破砂锅问到底提供了精神指引,也提供了方法指导。在一些财经类、科学类、探索类节目当中,主持人是一定是要不断追问,才能把事情或原理一点点抽丝剥茧,得到一个清晰的答案。环环相扣的问题,就是一个探因、追根、质疑、解惑的过程,或许最后就会收到"柳暗花明又一村"的效果。

2 如何让提问出奇制胜?

在很多的广播电视节目中,主持人都在承担着记者的角色,承担采访提问的工作。并不是所有的记者都适合当主持人,但一个好的主持人,一定是一个好的记者。即所谓的记者型主持人。

在采访过程中,采访者往往会遇到很多困难:受访者对事实的选择性表述以及对有利于自己的角度去解读;受访者记忆有限性及单一挖掘角度的有限性;不少事实与经验,受访者因为语言表述的限制难以充分表达;信息传递受到沟通环境与访问者个人的关系、访问者个人技术的限制;受访者主观因素作用限制沟通的积极性……

如何问得更有效,让提问出奇制胜?这里总结了提问的八种策略供大家参考。

(1)察言观色——体察对方心理活动的外部信号

人的思想和感情的流露,也包含在神态和动作当中。言与色是心灵的反光镜,可以窥视人的内心世界,把握对方思想活动的脉搏,学会捕捉一些微妙的信息,察言观色,提问就能更加具有穿透力。言与色有时是简单外露的,对它的体察是容易的,有时是复杂隐蔽的,对它的体察就比较困难。

心理学研究证明,外界事物对人大脑的刺激,往往会使人体内部某些相应组织的机能在一个短时间内出现异常现象,也就是说,人的喜怒哀乐,不仅是通过口头语言,在更多情况下是通过人的肌体来表现的。

眼、手、腿、脚、身体每一部位的肌肉,都可能是语言的所在。比如,腿的轻颤,多是心情悠然的表现;双眉倒竖、二目圆睁,是愤怒的特征;微蹙眉头、轻咬嘴唇,是思索的含义。还应该特别注意对方的手,尽管许多人可以巧妙地掩饰许多东西,而愤怒时却要握紧双拳,或是将手里的东西捏坏,甚至可能两手发颤;兴奋紧张时,双手揉搓,或者不知道该把手放在什么地方;思索时,手指在桌面、沙发扶手、大腿等地方有节奏地轻敲,这些都是普遍的动作。

一旦对方出现一些动作的信号,主持人就可以马上抓住这一信号,就此提问。

福建电视台新闻中心的记者王梅曾经采访过一位女吸毒者吴某某。吸毒前她是一个女强人,但吸毒使她一无所有。采访时她一直很平静,好像在说别人的故事,王梅一直想寻求突破口,激发她的情绪。王梅发现她右手一直有意无意压着左手臂下方,再注意观察,好像刻着"幸福"两个字。

王梅:我看你胳膊上好像刻着字,能看看吗?

吴:(不好意思地伸出胳膊)

王梅:是"等待幸福"。

吴:是,是"等待幸福"。

王梅:这是什么时候刻的?

吴:是很小的时候刻的。因为我是少数民族,纹身在我们那很正常的。

王梅:那回想起来,什么时候是你幸福的时候?

吴:我的童年。童年最幸福。那时候生活在爸爸妈妈身边,他们都很疼我爱我,我带着弟弟……当时家里不富裕,但一家人团团圆圆的……(说话突然停了,极力想忍住眼泪)我觉得那时候是最幸福的时候。真的。

王梅:现在看样子,这个"等待幸福"你感觉……

吴:这幸福我想恐怕等不到了,找不到了,如果不吸毒,我想我会幸福的。就因为吸毒,家现在……怎么说呢,当初结婚置办的家,怎么说比上不足比下有余吧。现在家也不存在了,虽然有了孩子,等于没有。

由于自己吸毒,造成的影响很坏,弄得父母都没脸见人,抬不起头。你说我现在还有什么?啥也没有了……

记者在和被访者交流的时候,时刻都在关注着她的情绪、眼神、动作的变化,当把握住一个细微的动作后,从这个动作细节切入,直入受访者内心,使得采访对象动情地道出了自己的悔恨与无奈。

(2) 抓住线索　灵活反应

"兵无常势,水无常形",主持人的提问也不一定是线性的,按部就班的,提问要根据对方的反馈,随时调整自己的提问内容和提问策略:

> 有一年春节前,有位记者本是去采访一位烈属葛某,但街道干部介绍说葛某有个特别孝敬的儿媳妇。于是,记者准备以"一个好儿媳妇"为主题写一篇人物通讯。采访的时候,葛某已瘫在床上多年,生活不能自理,说话口齿也不清晰,记者只能跟葛某的儿媳妇王某聊了。可王某对自己的事情并不想多说。这时,记者就从侧面引导:你婆婆虽是烈属,可她和平常人没什么两样,年岁大了肯定也爱挑个理儿什么的,你们之间有时候也闹矛盾吧?这话问到了王某的心里,她一改刚才的矜持、冷漠,滔滔不绝地说了起来……

杨振宁是享誉全球的第一位获得诺贝尔奖的华人,2004 年,82 岁的杨振宁和 28 岁的翁帆登记结婚,此消息一出,舆论一片哗然。杨振宁瞬间成为全球瞩目的新闻焦点。王志所在的节目组联系采访杨振宁时,其助理明确要求不能就杨振宁的婚恋提问,婚恋是典型的隐私问题,但是这无疑是当时关注的焦点,有很高的新闻价值。那一天,王志在杨振宁家里采访了他,翁帆也在现场,王志就借机很自然地问了几个婚恋方面的问题。节目播出后,杨振宁表示对节目满意,并没有介意或者已经原谅了打探隐私的问题。

> 王志:您介意说一说她吗?
>
> 杨振宁:你今天预备不预备谈呢?
>
> 王志:我们想问啊,当然大家非常关心。
>
> 杨振宁:你给我写的那几条提纲上没有这一条。
>
> 王志:是,所以我们君子协定,我想现在给您请求。

杨振宁：我想提一下可以，不过不必深谈。

王志：好，好像您这一次引起大家那么强烈的关注，就是因为您的婚事。

杨振宁：这个问题是我们预先想到的。我想大家觉得年龄差距这么大，是比较少有的。所以就发生兴趣了。不过我们觉得，这是我们自己的事情，所以虽然有压力，我们觉得我们可以承受的。确实也是有些人觉得，这个跟一般的情形不一样，有些人很天然地就有一些反感。

王志：您不在乎吗？

杨振宁：当然翁帆跟我都有一点点在乎。（不过我们觉得）我记得当时跟她说，我说不管现在别人怎么讲，过了 30 年以后、40 年以后，大家一定认为我们这个结合是一个美丽的罗曼史。翁帆跟我这两天在看一个电视连续剧，叫作《人间四月天》，是讲徐志摩的。那上面其实主要讲的，就是说一个新思潮之下的人，跟许多旧时的想法之间有许多很大的冲突。在那个情形之下出现的一些，也可以说是悲剧。我相信我们这次结合，最后大家会认为是绝对美好的。

王志：其实我们大家都很希望，都替杨先生高兴，都希望杨先生幸福。能不能帮您妻子说句话呢？她爱您什么呢？

杨振宁：我们没有仔细讨论过这个问题，不过我猜想，她觉得我这人是很诚、很真，我想这是她主要欣赏我的地方。

王志：其实很多的担心都是出于关心杨先生。您不担心翁小姐那么年轻，她把您给骗了吗？

杨振宁：是。我想是有人这样想，但还有更多的人我想不是，（他们）觉得我做了不道德的事情，是我骗了一个年轻的女孩子。事实上呢，我们都是想得很成熟的，我想这个是最主要的条件。

王志：杨先生说过一句话，给人耳目一新的感觉，说翁小姐是上帝给您的最后一件礼物。

杨振宁：是的，我写这几句话，是考虑了以后写的，是我真实的感觉。

王志：能说一说这个话的含义吗？

杨振宁：你知道所有的诗句，它的好处就是它的含义是讲不清楚的。我想这句话如果需要解释的话，它的诗意就没有了。

　　……

　　这段对话就是王志在采访杨振宁时，争取到的提问的机会，对话也包含了王志争取的过程，我们看到，表述非常委婉，非常恭敬。因为王志之前发给杨振宁的采访提纲里，是不涉及婚恋问题的，但是那天正好是在杨振宁家采访他的，而且翁帆正好在现场，所以王志抓住这一线索，灵活反应，向杨振宁提出了请求，对方并没有拒绝，王志的提问也很巧妙，因为翁帆在现场，王志用了"您介意说一说她吗？"这么一种问法，这种问法显得非常自然，像是两个朋友在聊家常，而如果是那种很正式的表述，比如"外界对您和翁帆女士的婚姻问题十分关注，您能否……"，这样显得距离感很强，很容易被拒绝。在杨振宁没有拒绝这个话题的情况下，王志仍旧没有单刀直入地提问，继续用非常委婉的语言来试探："好像您这一次引起大家那么强烈的关注，就是因为您的婚事。"这句话貌似不是问题，但其实就是问题，是要引出杨振宁的回应。果然，杨振宁主动去回应了这件事。关于杨振宁婚恋方面的对话就此展开。展开之后，王志在对方"不要深聊"的要求下，并没有纠缠很长时间，而是非常精准地问了几个大家都非常关心的问题，点到为止，概括性强，可见其提问的功力与智慧。

（3）投石问路　试探提问

　　之前我们书中提过，提问能否达到自己的目的，提问的切入点和落脚点非常重要。那么，投石问路是一种常用的策略。"投石"是手段、方法和技巧；"问路"是目的，是找出通向成功彼岸的路径。投石问路，就是一种向对方的试探性提问。

　　例如，在向某企业员工采访了解其企业情况的时候，如果记者一开始就询问薪酬、福利等敏感内容，肯定会让受访者非常不适应，为了避免这样的情况出现，记者可以首先从企业的环境方面进行提问，比如："你们每天几点上班？""工厂离家远吗？"对于此类问题，员工肯定都是乐于回答的，不会让他们感到过于的紧张。

　　在受访者适应采访过后，问题可以逐渐向目的地走了，但还是不要直接问,这时可以开始"投石"了,"你们平时加班多不多?",加班问过之后,自然就要问加班费:"你们加班有加班费吗?"涉及了加班费的话题之后,记者就可以水到渠成地切入薪酬、福利等方面的提问,获得自己想要的信息,不会让受访者在这个问题上产生过强的戒备心理。

▶▶▶(来源:《面对面》王志采访姜文)

王志:"有人这么说,姜文是导演最难搞定的演员,姜文是演员最难搞定的导演,我不知道这是在夸你还是批评你,你自己怎么评价。"

姜文:"我好像也听说过,但是我不知道说的是谁,首先这么说吧,好搞定是什么意思,干嘛要好搞定,你觉得你是个好搞定的人吗?"

王志:"那你认为搞定是什么意思?"

姜文:"我觉得我拍戏时不会想搞定这两个字,我是一个主人我招待大家来我家吃饭,我得告诉人家坐哪,衣服脱哪,水在哪,酒在哪,甚至给你倒了,搁在手里。这就是导演。"

这个例子也是典型的投石问路,主持人怕姜文有情绪,所以一开始提问就用了一个"有人说,姜文是导演最难搞定的演员,姜文是演员最难搞定的导演……"用"有人说"这个句式的效果就是,首先,主持人知道姜文不简单,所以借"有人说"投石问路,看看姜文的反应;其次,主持人撇清了自己的干系,这句话是别人说的,我只是转述别人的话,所以你要喷的话,不是在喷我,是喷别人。姜文当然也不清楚这话是谁说的,所以在找不到喷的对象后,又把问题抛了回来"好搞定是什么意思,干嘛要好搞定,你觉得你是个好搞定的人吗?"意思是难搞定也没什么不好。主持人是发问者,当然不能自己问自己答,所以又把问题抛给姜文"那你认为搞定是什么意思?"之后,姜文终于开始了正面回答。

短短的几句对话,其实已经感受到了双方都是功力深厚的高手,都很难"搞定"。面对高手,面对"难搞定"的受访者,投石问路是一种有效的战术。

(4) 单刀直入　先发制人

齐国国王派遣使者去问候赵威后,书信还没有启封,威后就问使者说:"今年的年成好吗? 老百姓好吗? 齐王好吗?"使者不高兴,说:"下臣奉齐王的使命,出使到威后这里来,现在您不问齐王,反而先问年成和百姓,岂不是把贱的放在前面,把尊贵的放在后面吗?"威后说:"不是这样。假如没有收成,哪里有百姓?假如没有百姓,哪里有国君?因而有所问,能不问根本而问末节的吗?"威后进而又问他说:"齐国有个处士叫钟离子,平安无事吗?这个人做人呀,有粮食的人给吃,没粮食的人也给吃;有衣服的人给穿,没有衣服的人也给穿。这是帮助国君抚养老百姓的人呀,为什么到今天不让他在位成就功业?叶阳子平安无事吗?这个人做人呀,怜悯那些无妻无夫的人,顾念抚恤那些无父无子的人,救济那些困苦贫穷的人,补助那些缺衣少食的人,这是帮助国君养育百姓的人,为什么到今天不让他在位成就功业?北宫氏的女子婴儿子平安无事吗?她摘掉耳环等装饰品,到老不嫁,来奉养父母。这是带领百姓尽孝心的人,为什么到今天还不让她上朝呢?这两个处士没有成就功业,一个孝女也不上朝,靠什么来统治齐国,做百姓的父母呢?於陵的那个子仲还在吗?这个人做人呀,对上不向国君称臣,对下不治理他的家,也不愿同诸侯交往,这是带领百姓无所作为的人,为什么到今天还不杀掉呢?

上面这一段精彩对话,是《赵威后问齐使》的白话译文,《赵威后问齐使》出自《战国策》,赵威后即赵太后,赵惠文王之妻。这段对话通篇都是提问,有疑问,有反问,有质问,一共 16 个问题,有赵威后的问题,也有齐国使臣的问题,可奇怪的是,没有任何回答。然而,即使没有任何回答,我们也能很清楚感受到双方要表达的意思。

赵威后对国家政治的清明有着最朴素的理解,她发问的角度非常独特,切入点小但是极其精准,从国家对个别人才的褒贬任用上,指向齐王治国政策弊端,虽然简单但却很有力量,句句指向齐国要害。这一提问的方式,即我们这一节要剖析的——单刀直入式。

一般情况下,在一场对话中,主持人要根据疑问点确定好谈话的主题,然后按事情的发展和人们正常的思维逻辑,由近及远,由易到难,由此及彼,由浅入深的提问。让对方把有关中心问题的材料有层次地"全盘托出"。

但是在一些提问的场合,如果一开始便是一个空洞、大众化的问题,可能会让人感觉非常乏味。如果采访的对象也是名嘴或权威人物，也是"久经沙场"，情商智商都在线，主持人"棋逢对手"，那么以一般性的问题开始一场对话，对他来说太没有挑战性了，他们也期待着挑战性的问题，所以不妨上来就直捣黄龙，单刀直入，先发制人。

▶▶▶（来源：《实话实说》主持人提问赵本山）

主持人：赵本山现在根本就不是农民。农民呢，他买不起飞机，买也是那个洒农药的飞机，但是他这个飞机能坐人，那由此看来，他并不熟悉农村的生活，所以他的《乡村爱情》包括他的小品，写的并不是真正的农民的疾苦。这是一条。第二条就是说，他在那个小品里，或者在他的戏里面，你看给他起的这些名字，谢大脚、刘大脑袋、宋秃子，包括用一些残疾人的特征，说明他对残疾人，尤其是农村的这些残疾人不尊重，还用这个做卖点，这样的人你不跟他拍桌子，你都对不起桌子啊。

（拍桌子）（众人笑）

主持人：怎么看待这样的说法？

赵本山：其实呢，这些年呢都没离开这个话题，因为呢，我承认现在已经离开农民生活二十几年，将近30年了。我是21岁就离开农村了，说我不是农民也对，但是呢，我的根儿确确实实是祖祖辈辈都是农村的。至少我的心呢，一直在农民那儿，因为呢，我所有的作品表达的都是农村。《乡村爱情故事》就是这一批人，可能都是我生产队的，每一个人都是那一个典型的人物，我绝对没有拿每一个人（说是要）开涮的，都是在演一些小人物，活生生的，他们都生存在现实的生活里，都是生活的每一个人，他们每一个人必须要说话，他们要有话语权，都要表达他自己的内心。

主持人：我们能不能这么理解，比如说真的是在村子里，我们叫谢大脚，她不会觉得不舒服？

赵本山：没有不舒服的，农村的外号儿多了，谢大脚儿，大娘们儿，这个那个都是经常的（众人笑）。都是这个名儿。

主持人：说明大家熟络。

赵本山：嗯。大家唠起这话题都是很直接的。特别是东北，对方也不会不高兴,觉得这是一种爱称,他都是生存在一个自然的环境和状态下。

这里,主持人上来就以他的黑色幽默,带着挑衅向对方开炮,提出两个很尖锐的问题:"你还是不是农民?""你有没有对残疾人不尊重?"这两个问题太过直接,火力太猛,节目的起点一下被拔高。但是,主持人也很聪明地为这两个问题降低了敏感性:"怎么看待这样的说法?"意思这只是一种说法,不是我对你的看法。但很明显,即使是这么猛的问题,本山大叔也是云淡风轻,对这些质疑一一作了回应,回答得也很实在,很诚恳。

直奔主题式的提问也大量应用于消息类、新闻类节目,主持人对此类提问要具体、明确,既节省时间,又简单明了,让受众者在最短的时间内了解到最准确、最真实的信息。

(5) 善用激将 暗度陈仓

《三国演义》里面有一个我们非常熟悉的桥段,赤壁大战发生前,诸葛亮代表刘备出使东吴,舌战群儒,痛斥投降派,力陈孙刘联盟合力抗曹,在孙权的天平已经向抗曹一方倾斜的时候,诸葛亮还去游说了孙刘联盟中的另一个重要人物——周瑜。

周瑜是东吴的总司令,是集团里的鹰派人物首脑,他也不赞成投降,但周瑜很有城府,一般什么都不愿明说,诸葛亮采用什么方法让他说出自己的心声呢?

他没有和周瑜直接谈抗曹,而是先告诉他一则曹操的八卦新闻:"最近,曹操在首都邺城,开了个叫铜雀台的顶级会所,里面搜罗了众多极品的明星、超模,还请文化界名人曹植给题了词,曹操其实这次来江东,有一个重要目的:就是想把江南的两位著名佳丽,弄到会所里陪酒。所以——要想保东吴,只要献上这两个美女就行。"

周瑜很好奇地问:"哪两个人?"

"大乔小乔啊!"诸葛亮笑周瑜成天忙于军务,一点不关心八卦,消息太不灵通了。

周瑜马上跳起来了:"老贼太欺负人了!"

诸葛亮装作全不知情,明知故问周瑜:"为什么啊?"

周瑜大叫:"大乔是我兄弟孙策的情人,小乔是我的情人,老贼难道想给我戴绿帽子吗?"

正面激将法成功了!周瑜已经按诸葛亮的目的行事了。为了避免他的情感波动和心态变化,诸葛亮还用了反激法。当周瑜发誓:"我和老贼势不两立!"之后,诸葛亮又从反面激他说:"事情需三思而后行,免得后悔。"

周瑜的精神再次被绑架,愤然说:"打死我也不变,望你助我一臂之力,共破曹贼!"

诸葛亮顺利完成联吴抗曹的使命。

(选编自武斌《三国波士炖》上海三联出版社)

对于那些拒绝接受采访的对象,有时要用一下"激将法",以此勾起被采访者的反驳欲望,从而作出回应,以此获取想要的信息,达到既定的目的。

一次,著名记者法拉奇去采访美国国务卿基辛格,基辛格却先让她坐了半小时"冷板凳",见面后视若无人,继续看他手边的电报、文件。法拉奇见此情景,就以基辛格最不愿谈的越南问题"激"他:"很多人认为您和尼克松接受那个协议是对河内的投降,对此您也不愿意谈论吗?"基辛格这时如果不反驳,就等于承认法拉奇的话,终于不得不认真对待法拉奇的提问,认真回答问题。

采访有时是心灵的共鸣,有时也是一场"短兵相接的战斗"。西方记者大都热衷于采用激发式的方式提问,他们的提问往往尖锐、刁钻、奇特,甚至古怪。

有一位美国记者向周恩来总理提出了一个问题:"为什么我们欧美人走路都是昂首挺胸的,你们中国人走路都低着头、弓着背呢?"。这个问题挑战性很强,对提问者来说确实是个好问题。问题中隐含的意思是,我们欧美人身体好、精神状态比较积极,而你们营养不良,精神面貌不佳。可是周恩来总理不畏挑战,非常睿智地回答道:"我们中国人在走上坡路,而你们在走下坡路。"

(6) 巧设机关　声东击西

▶▶▶（来源:《实话实说》主持人采访丁大卫)

主持人：我刚才听你回答问题的时候说你好像不大喜欢背诗词是吧?

丁大卫：不是不喜欢,我们就没有这个习惯。

主持人：那你刚才不是说入乡随俗嘛,中国人好像就很喜欢背过去的诗词,我来教你一首好不好?

丁大卫：OK。

主持人：嗯。你来跟我学这个古诗词,叫——男大当婚,女大当嫁。你知道他说的是什么意思吗?

丁大卫：这是古诗词吗?

（众人笑）

主持人：不是哈? 当时他们教我的时候说的是古诗词啊。这是什么意思呢? 这个你知道吧。

丁大卫：您能不能教教我?

主持人：你能不能就这个意思,谈谈你的意思?

（众人笑）

丁大卫：哪个意思啦?

（众人笑）

主持人：因为呢,大家很关心,大卫都32岁了,你的个人问题,你怎么想?

丁大卫是美国人,当时来到中国5年了,在一所最普通的郊区小学教学。主持人采访这个爱中国、爱教育的外国人时,是心存感激与敬佩的。上面的提问,是主持人关心丁大卫的"终身大事",但是提问的方式让我们看到了主持人的那种幽默和狡黠。他用了声东击西的策略,问了一个和"终身大事"没有一点关系的问题:"你不大喜欢诗词吧?"作为外国人,对中国诗词一无所知是很正常的,这里主持人又有点"小坏"的说要教他一句,然后就来了一句"男大当婚,女大当嫁"。丁大卫不明就里,还在与主持人探讨这句是不是诗词的问题,而主持人话锋一转,早就开始下一个意思了:"这是什么意思呢？这个你知道吧。""你能不能就这个意思，谈谈你的意思？"机关已经被观众识破了，可因为中西文化的差异，丁大卫还是有些难理解。最后，主持人才直接问出了真正想问的问题："大家很关心，大卫都 32 岁了，你的个人问题，你怎么想？"

主持人带着大家绕了一大圈，问了一大串，就是为了让节目产生幽默的效果，"绕圈儿跑"是一种常用的方法。这种提问的特点就是，一开始提的问题好像和主题无关，是作为"诱饵"的，但是，问着问着就把人绕了进去，进入了自己的"埋伏圈"。

▶▶▶（来源：《奇葩说》）

何炅：请问男女之间存在纯友谊吗？

杨千嬅：没有。我觉得都有基本的吸引才会开始到朋友。因为你在路上遇到一个人你肯定会一直看着，男生还挺帅的，那他跟我讲话你都会就是有一种吸引力，你会跟他聊天。

何炅：所以你承认跟你成为朋友的人都是曾经对你有过吸引力的？

杨千嬅：也没有那么严重。

（……）

何炅：分手后还能不能做朋友？

马东：分手后愿不愿意做朋友？

杨千嬅：我觉得不会不愿意，但是可能要时间看长短，怎么去把这个事情放下。

何炅：现在有这样的朋友吗？

杨千嬅：当然有啊，你看着我帮人家去做那个嘉宾〈演唱会嘉宾〉啦。

这是一档综艺节目，综艺节目的主要特点是趣味性、对抗性、冲突性，所以主持人的引导性提问的目的，是一步步把嘉宾引入矛盾冲突之中，主持人先问男女之间是否存在纯友谊，嘉宾回答没有，主持人马上跟着一句就是"所以成为朋友的人都是曾经对你有过吸引力的？"这个问题其实很难回答，不能一概而论，相当于嘉宾第一句的回答，自己给自己埋了个坑，嘉宾已经有点顶不住了。但是，主持人坑里有坑，布下连环陷阱："分手后还能不能做朋友?""分手后愿不愿意做朋友?""现在有这样的朋友吗?"嘉宾从坑里已经走不出来了,最终全部交代。这种方式应用于综艺效果多一点。

(7) 旁敲侧击 偷梁换柱

很多时候,我们都会遇到不愿接受采访的对象,而这又是必须参与节目的关键性人物。这类对象大多出现在曝光类节目中,在镜头的直视下不愿将不正常的现象与行为暴露出来,在这样一种情况下,被访问者是不会接受直接访问的。此时,最好的方法是采用迂回战术,促使被访问者消除警惕,将真实的内容叙述出来。这样的提问方式所取得的效果更优于直接性的提问。

杨澜采访美国前总统克林顿,导演组想让杨澜询问克林顿关于莱文斯基的事情(又称拉链门事件,是指美国前总统克林顿和白宫实习生莱文斯基的性丑闻事件)。杨澜需要找一个很好的理由去提问这件事情,她之前在看克林顿自传《我的生活》,克林顿专门设置了一个展厅,把莱文斯基事件的始末都陈列出来了。她认为这是一个很好的理由。

> 杨澜:"每一个总统都会把对自己有利的事情放在自己的图书馆里,而你却恰恰把这样一个,会令你尴尬的事情陈列出来,为什么?"

> 克林顿:"我认为我们应该告诉人们一切,我一直都在尽快地发布我所有的个人纪录和官方记录,我会在尽量短的时间内,把这些向学者和现在的公众披露。因为我想让人们能够自己去评价已经发生的事情……"

《实话实说》的主持人通过"偷梁换柱",把提问指向自己要抖的包袱,导向自己设置的"梗":

▶▶▶《实话实说》

> 主持人:康老师能不能告诉我一些我们大家都认识的、都非常熟悉的人,说一说他们也得过抑郁? 这样我们就觉得这是很正常的事了。

> 康老师:例子太多了,日本的三岛由纪夫、川端康成、三毛、海明威,抑郁是可以在任何时候,袭击任何人的情绪,没有一个人有免疫力,只要你有压力。

主持人：我听您这么一介绍，觉得抑郁的人当中好像优秀的人挺多？

康老师：对，也可以这样说。所有的天才都是抑郁的。

主持人：我最近就特别抑郁。

话音一落，所有人都笑了。

(8) 明知故问　扮猪吃虎

中央电视台新闻评论部的赵微在《湛江特大走私受贿案》中采访湛江海关原关长曹秀康时，曹开始不承认自己受贿 200 万元的事实是故意行为，说"当时真没想到那么一个界限上去。"赵微看准他抵赖的心理，马上问道："收了 200 万元都没想到这有多严重啊？"曹干脆装糊涂："就这么一个卡（指受贿 200 万元的存折），咳！现在我就回忆不起来，当时这个脑子，这个脑子到底怎么去想这些问题。"赵微继续追问："那么你眼里200 万元不算什么大钱，"最后曹前言不搭后语地说："200 万元，应该是很大的数字了，现在想应该是很大的数字了，200 万元哪，应该是很大的。"

很多事情，大家其实都心知肚明。但是，受访者"装傻"不肯说，那怎么办呢？在这个例子里，主持人也跟着"装傻"，明知故问。经过赵微一番明知故问，曹秀康的装傻敷衍心态被完全披露，采访的效果也达到了。

美国著名记者斯诺深谙此道，1936 年，斯诺在中国西北"红区"采访 4 个多月，写下了《西行漫记》。

斯诺：你是说红军吗？

青年：哦，不，不是红军，虽然四川也有红军。我是说土匪。

斯诺：可是红军不也就是土匪吗？报纸上总是把他们称为"赤匪"或"共匪"的。

青年：啊，可是你一定知道，报纸编辑不能不把他们称作土匪，因为南京命令他们这样做……

斯诺：但是在四川，大家害怕红军不是像害怕土匪一样吗？

青年：这个吗，就要看情况了。有钱人是怕他们的……可是农民并不怕他们。有时候他们还欢迎红军呢。

这段对话节选自《西行漫记》，在开往西安的列车上，一位老家在四川的青年说起家乡附近的土匪活动，流露出能否到家的担忧，一心想了解红军的斯诺赶紧提出了问题。第一个错问得到了青年的否定，斯诺便得知在青年眼里，红军并不是土匪。为了确定自己获取信息是否准确，斯诺再次错问，拿报纸上的说法佐证。通过青年的否定进一步确认，红军在青年心中的确并非土匪。斯诺借用"大家"对红军的恐惧再次错问，最终获知：有钱人害怕红军，农民不怕红军，还欢迎红军。所以斯诺采用的技巧，也是典型的"装傻"式提问，更容易得到自己想要的答案。

总之，提问的策略丰富多样，主持人可以根据对话当中的具体场景灵活地加以运用，同时，这些策略既相对独立，又是互相联系，可以单独使用，可以交替或交叉使用。掌握每种方法的要领，就可以在提问过程中运用自如，获取最佳的对话效果。正所谓"运用之妙，存乎一心"，无招胜有招。

3 如何把握谈话的分寸？

分寸感，是对人与人之间距离的把握，对彼此差距的认知，对别人的一种尊重，对自己的一种保护。无论是生活中与人交往，还是主持人提问，都要看时机、场合、对象，举止有度，说话得体，能够顾及别人感受，这样才能做到分寸感。

交谈当中的分寸感，第一财经主持人阳子认为：最重要的是注意亲疏、收放、曲直、雅俗以及专业与平常。简单地讲，和"时机"相关的因素是时机和进程。和谈话本身相关的因素是重要程度、复杂性和专业化的倾向。与对象相关的是对象与内容的关系、对象的领悟能力、知识层次和专业背景。其实这些诸多的因素构成了复杂的语境，他们决定和调和着谈话的受益方。所谓的曲与直说的是在这个语境状态之下，用什么样的方式表达最为贴切，而俗和雅则表示最终所呈现出来的效果。

(1) 时机、场合、对象

提问必须要看时机、场合、对象。两个过去很要好的朋友都刚刚走上工作岗位，一个偶然的机会他们相遇了，互相询问："你们单位怎么样？工作还顺利吧？谈恋爱了吗？"显得既亲热自然，又在情理之中。"但是，如果一位姑娘经人介绍与一位从未谋面的小伙子见面，姑娘这时候问："你们单位怎么样？工资多少？谈过恋爱吗？"就不合适了。

相声演员郭德纲曾因代言减肥产品广告被告上法庭，庭审结束后，其情绪很差。此时一记者上去就问："您坐在被告席上感觉如何？"还好郭是个幽默的人，没有发火，他瞟了记者一眼后回答道："要不您上来试试。"接着又反问该记者："您是报社记者还是电视记者？您从哪来？是坐飞机来的还是坐火车来的，来的时候您吃了吗⋯⋯"

在庭审结束的场合，不用问，这时候感觉肯定是不好的，想必郭德纲在庭上也被法官问了不少问题，正郁闷着自己"点儿背"，你上来问感觉怎么样，要么是明知故问上来找茬儿，要么是傻傻分不清状况。但是，记者在庭审结束的时候采访郭德纲，肯定是奔着这件事来的，不可能去问郭德纲最近又有什么新作品，又收了几个新弟子。那既然是奔着这个场合来的，就要说这个场合的话，这时，可以抓住一些具体的细节提问，比如，代言的这个产品自己使用过没有？这个减肥产品自己用得怎么样之类的问题。

1992年11月4日，上海主管城市建设和管理的夏克强副市长做客《市民与社会》，当他戴上耳机坐到话筒前，主持人白宾上来就问："夏副市长，上海的公交紧张状况，我们觉得已经到了十分严重的地步。可以说，每一个市民都有切身体会。那么，您作为分管城市建设和交通的副市长，对市民乘车难这个问题有没有切身体会？或者说有没有直接的感受？"

夏克强回答："我也有切身的体会。特别是我的妻子，她在煤气公司工作，经常要到吴淞煤气厂去。从她那里我经常得到市内交通特别是公共交通的信息。有时回到家里看她脸色不好，那么很大一个原因是今天挤公共汽车花了好长时间⋯"

"原来市长夫人和我们老百姓一样天天要挤车！"市民对乘车难这个老大难问题的牢骚和责难此时已消散了大半。在夏副市长坦陈困难所在、客观分析原因、介绍市政府应急对策、描述远景规划后，接踵而来的一个个听众电话都是起劲地为市政府出谋划策，提出积极的意见和建议。

俗话说"烧香看菩萨,说话看对象",在这个案例中,主持人白宾对提问对象的把握非常精准,"您作为分管城市建设和交通的副市长,对市民乘车难这个问题有没有切身体会? 或者说有没有直接的感受?"问一个分管城市建设和交通的副市长公交乘车难的问题,让人感觉似乎是一个非常挑衅的问题,有点不分场合不分对象,但是,这个问题是在白宾熟知情况的基础上精心拟订的(夏副市长和妻子原来都在吴淞煤气厂工作,白宾的母亲是吴淞煤气厂的老职工,知道他们当时挤公交车的情况)。虽然是市长,也和百姓一样挤公交,所以感同身受,这个问题提出的就非常到位。

一次,有一位记者到部队采访,想了解官兵关系方面的一些情况,于是问一名战士:"你认为当前新形势下,该如何处理好干群关系?"结果那位战士立在那儿,嗫嚅半天也没说出什么东西来。后来,他改口问:"你认为要做一名受士兵欢迎的队长,他应具有哪些素质?"这下,战士反应过来了,马上谈了起来,而且讲得还很生动。但如果当时是采访部队某位高层领导,那么第一种问法就比较合适了。

(2) 禁忌与禁区

一次,有一档节目采访胡歌,当期节目名称是《琅琊榜后不伪装》。我们之前在提问的原则里说了,提问要紧紧围绕主题,这期的主题是什么,只看标题也知道了,然而,胡歌谈了一阵《琅琊榜》,主持人却说:"我没看过《琅琊榜》。"

情商高的胡歌想要避免尴尬,转移话题说:"我拍戏都是带着猫的。"然后开始讲猫。

主持人接着说:"你怀念你前女友吗?"

胡歌真是有点聊不下去。此外胡歌聊到车祸的前后,主持人说:"那你应该感谢车祸!"胡歌很懵,差点毁容、助理丧命,还要感谢车祸?胡歌愣了一下说:"灾难是不值得感谢的,因为代价实在太大了。"

不顾对方的感受和心理,让人感觉主持人提问很轻率,很随意。

还有一次,一位主持人采访蔡康永,蔡康永在说起他的同性爱人时,主持人问了一句:那你父母现在知道你的性取向吗? 节目在这一刻陷入尴尬,因为蔡康永的父母50岁老来得子,蔡康永二十多岁时父母就相继过世了。

要知道,绝大多数的对话与采访,都不是像《吐槽大会》那样以娱乐的心态、以揭人伤疤为导向。生活中每个人都或多或少有自己的"禁忌区域",对有些人来说,这些"禁忌区域"即使他人是以玩笑的方式也不能去触及。

禁忌和禁区,通常是指生理缺陷,家庭不幸,特定的风俗习惯,等等,你对一个中国人可以提问,你在哪上班?收入不错吧?家里几口人?这是关心对方。而对于一个美国人这样提问,就是打探隐私的不礼貌行为。

总之,必须有一定的生活常识,并在采访实践中不断体会,不断总结。另外,不应该用别人的生理缺陷来做笑料包袱,也不要用人家不爱听的话题来打趣。

(3) 如何降低问题的敏感度

一般来说,我们在采访过程中,不会随意去触碰对方的"逆鳞",或是故意去揭露对方极力想掩盖的东西。如果一个问题很关键,却有可能触犯对方时,就需要有一定的技巧,将自己想问的问题,用语言技巧进行调整,让那些原本看上去"张牙舞爪"的词语变得平和,降低问题的敏感度,以达到你提问的目的。

英达:最后一个问题——如果离婚,你们将如何分割你们的财产?

韩美林:我们两个人都咬了牙了,这一辈子,她是失败的婚姻,我也是失败的婚姻,认识她以前我都决定不再结婚了,因为婚姻对我的折磨实在是太大了,但是我们两个不论在生活上、事业上、艺术上,包括对人的看法上都那么一致,所以我们是一对"关门夫妻"。

英达:这个提法倒是新颖的。但是万一呢?

韩美林:可以断定说我们万一都没有,没有这个万一。

英达:实际我们这是一个假设性的问题,无非是想知道你们对分割财产,或者说对物质和金钱的一个态度。

由于韩美林夫妇以前都有过失败的婚姻经历,所以当主持人提出这个问题的时候,得到了一个意料之外的答案。主持人进行了追问,但发现嘉宾从另一个角度进行了回答,似乎并不赞同他这个问题的提法。这里主持人没有继续刚才的提问,而是机智地将提问进行了重新表述。

从策略上来讲,我觉得有两个重点值得学习。第一个,主持人把最敏感的问题放在最后,"最后一个问题——如果离婚,你们将如何分割你们的财产?",正如前面所说,整个节目已经录得差不多了,即使最后的问题嘉宾不愿回答,内容也还是完整的,如果愿意回答,那更能起到锦上添花的作用。第二个,"实际我们这是一个假设性的问题",主持人的这个表述对降低问题的敏感性非常有用,"假如""如果""我们来假设一下",这样的假设性问题,对于提问的效果非常有帮助,一方面这个提问不是事实,对嘉宾没有影响,一方面因为假设的内容很出彩,很有挑战性,嘉宾回答的内容也会非常有看点。

(4) 合适的语气、表情、眼神、动作

文字记者与受访者的对话是完全在后台进行的,而广播和电视的出现,让对话从后台走到了前台,所以,广播、电视,以及网络音视频节目中的对话,赋予了采访者即主持人更高的标准。

文字记者与受访者的对话,我们看不到对话发生的地点,对话的具体内容,更不可能了解到当时对话的语气语态。广播节目、音频节目可以传播声音,那么提问者的语气如何、态度如何,就完全直观地暴露给了观众。电视节目更是集成了文字、声音和图像,在电视节目中,不仅仅可以听到提问者的语气,更能够直视提问者的表情和动作。

根据统计,在语言表达的构成中,言辞约占 7%,表情动作约占 53%,声音约占 40%。表情、动作、语气传达出的各种信息,往往比文字更有表现力。所以,主持人在提问时,表情、动作、语气的管理也是非常重要的。

语气

语气语态可以传达出非常多的感情色彩,它可以让你感受到热情坚定,也可以让你感觉到冷峻揭露,也可以让你如沐春风,也会让你体会到轻蔑讽刺。

那到底该如何把握呢? 对话中的语态选择,需要遵循接近性原则,在对话中,建议用采访对象熟悉的语态、语气和他说话,这样就可以很快拉近两

人之间的心理距离,让采访对象有一种认同感。

比如,对话劳动者,就尽量用短句,语态要稍显高昂;对话学者,可以多用一些长句,声音尽量低沉。对话儿童,语态要亲昵,而如果对话年轻女性,亲昵会让人误解为轻佻。

另外,语气什么时候该重,什么时候该轻,都是有讲究的,不能一概而论。

提问时,声音和语速也要注意。

提问不是辩论,不是吵架,更不是吆喝,不需要用很大声,提问是"于无声处听惊雷"。语速太快了不行,别人会听不清你在问什么,太慢了也不行,别人会以为你想不起问题来了。

主持人对话反应快、口才好的年轻人时,提问语速可以稍微快些;对话上年纪的,或是外国人,普通话不好的嘉宾,提问语速要放慢。如果是主持人对话那些失意者、受难者,语速放慢,压低声音,用安抚的语气。

总之,提问时什么时候用什么语态、声音、语速,什么时候停顿,什么时候重音,都是主持人在长期实践中培养出来的一种素质,一种个人风格,一种语感,需要大家不断去尝试,去体会,找到一种最佳的感觉,让提问起到更好的效果。

表情

说话过程中,人的面部表情很能反映一个人的心理。无论是心中所产生的热情、信任、尊重,还是冷漠、不屑、愤怒,都会难以隐蔽地体现在面部表情上,面部表情与其他非言语符号比较是最传神、最能表达丰富思想内容的提问辅助手段。提问时如果能恰如其分地运用面部表情,可以增强提问效果。

面部表情要随着提问内容的变化而变化,及时准确地配合提问内容,当问及对方家有不幸和灾难发生时,应当自然流露出同情、关心和安慰的情态,当谈及对方思想和工作有进步、有成绩的时候,应当适时流露出喜悦、欣慰的表情。

表情是一个人的门面象征,所反映出来的态度,往往比语言更有表现力。白岩松说,有时候职业决定表情。习惯皱着眉头,带着凝重面部表情说话的白岩松,总是一副不怒而威的气场,他只要一发问,受访者都买账。

眼神

眼神交流也很重要。眼神是一面聚焦镜，眼神里反映出的信息是丰富多彩的。眼神有热情友好的、含情脉脉的、犀利的、慈祥的、凶恶的、和蔼的、鼓励的、坚定的、刚毅的、蔑视的、挑衅的……提问时，也要善于眼神交流。用著名新闻记者艾丰的话来说，就应该有孩童般的眼光与聪明者的眼光，两种眼光的结合，从而构成主持人特有的眼光。

动作

同时，在主持人对话提问的前前后后，主持人也应该重视对肢体语言的运用。比如，采访之前与嘉宾握手，表示对嘉宾的欢迎；伸臂向嘉宾座位的方向，意思是请嘉宾在这个位子就座；主持人采访时不要正襟危坐，身体稍微前倾，表示对嘉宾的尊重；扶一下眼镜，表示对嘉宾回答某个问题的格外关注。

在节目中，主持人的一些动作和肢体语言，也是主持人个性的体现。

▶▶▶（来源：CCTV《看见》主题：《兰考弃儿》）

火灾事故发生后，柴静采访兰考县长。兰考县长在说起自己因 7 个孩子被烧死而做噩梦时，也回忆了自己的孩童时代，带着忏悔。此时，柴静长时间点头，久久不语约有 10 秒钟，而后再看着他的眼睛问出："你会自责吗？"

此处，柴静在倾听过程中有很长一段沉默。她作了一个动作，点头。实则是一种思考性与目的性的结合。柴静的"你会自责吗？"是在给被访者一个缓冲和自己思考后提出的。县长表达了自责，也说出了工作的失误，这就是柴静所想要达到的目的。

4 主持人提问的个性化

个性，是一个人所表现出来的稳定性、独特性。优秀的主持人，都有自己独特的人格魅力，在提问中展示着自己的个性。孟非幽默风趣的调侃式提问，白岩松睿智犀利的求证式提问，杨澜平和亲切的讨论式提问，曹可凡大气谦和的关怀式提问，王志咄咄逼人的质疑式提问，都给观众留下极为深刻的印象。

白岩松曾经说过："主持人必须说自己的话，走自己的路，始终坚持做自己，有自己的特色，才能形成自己的风格。"凡是有个性魅力的主持人，一定是一个具有较高个人素养的人，其谈吐提问也必然会独具特色。

三观正

人格品行可以说是主持人一切素质的根本，没有端正的人格品行，无论在技巧上如何娴熟，都不能做到与嘉宾、观众将心比心地真诚沟通。同时，在节目中，主持人的人格品行会潜移默化影响主持人的理解、判断和感悟，从而润物细无声地融入主持人的提问和评论中去，主持人的人生观、价值观、世界观，会是主持人个性的最重要的组成部分，成为主持人的魅力源泉。

原则强

主持人的个性是在客观、公正的基础之上的，如果脱离了客观、公正，主持人的个性就会成为诡辩、矫情、偏激、媚俗、毒蛇、雷人……变得令人厌烦。

一个富有个性的主持人，他所提的问题一定是自发的、由衷的，能够表达出自己和节目所要传达给他人的观点，而不是被动的、强制地任人摆布。所以，有个性的主持人，不会盲目跟着采访对象的节奏走，面对比自己强势的人，也不会唯唯诺诺。你所坚持的原则越确切，你做的准备越充分，你提的问题就越有力，在气势上也会更胜一筹。

问风奇

个性风格的形成，必然是在长期的采访实践中不断挖掘、凝炼自己的优势和专长，并固化为独具特色的个人风格。

主持人可以找到一种符合自己语言特点的风格，做重点的个性塑造：

● 犀利尖锐型——善于质疑和追问，问题尖锐，抓住主要矛盾深入剖析，使之真相大白。但尖锐不等于刻薄。

● 幽默风趣型——问话幽默，敢于自嘲。用乐观的方式带动和感染周围的人。把生活中的酸甜苦辣，用一种诙谐、轻松、有趣的方式表现出来，让观众在笑声中获得感悟。

● 心理医生型——提问直入内心,刀刀见血,剖析情感和故事背后的人性,揭示人性中的丑恶和真善美。

● 率真活泼型——真诚随性,亲切自然,往往会真情流露,喜欢刨根问底。

● 细腻温和型——温婉含蓄,善于倾听,具有人文精神,同情心强,善于从某一个细节入手发问,与人心与心交流。

● 沉稳大气型——见识广博,问风严谨,上到国家大事,下到平民百姓的视角都游刃有余。

● 儒雅睿智型——格调高雅,生动风趣,底蕴深厚,问道解惑。

……

主持人的个性,一方面是主持人个人风格的独特,另一方面则是主持人适应不同节目风格的能力。一个有魅力有个性的主持人,在任何一个节目的主持工作中,都要把自己独特的认识和感受融入这个节目,让自己有别于他人的视角、感受和表达,与节目内容本身相映生辉,相得益彰,给节目打下自己的独特烙印。

杨澜在《我问故我在》中写道:"实际上,我已经以提问为生了,说得庸俗点,我靠提问吃饭。"也许,未来的主持人,不仅仅是靠提问吃饭,更是靠提问展示个人智慧,个人魅力,个人道德品质,个人的综合素养……提问,就像挖掘宝藏的铲子,一铲子一铲子越挖越深,让那些埋在最深处的宝藏重见天日。提问,也像一把尺子,一格一格地去衡量一个主持人的才华与力量。

在这个千变万化的世界里,唯一不变的就是变化本身。主持人在不断向别人提问的同时,也要不断对自己提问:"吾日三省吾身。"向别人提问达成外在的沟通,而向自己提问则是实现内在的进化。只有你关照自己的内心,时刻"自问"得失因果,你才可能找到身上的不足,跟上时代变化的脚步。

思 考 题

1. 综合运用"破冰"技巧,设计一段破冰行动的对话。

2. 你觉得下面这样提问合适吗? 为什么? 如果换作是你,你将如何提问？

在一次运动会男子 4×100 米接力决赛后，主持人对运动员进行了这样的提问：

主持人：其实汤星强启动比预赛当中稳了好多，0.203（秒）起跑反应时间，是所有选手当中最迟的一个，是不是以安全为主？

汤星强：对，差不多，以安全为主吧。

3. 你理解的"共情"是什么？在生活中和采访中，你会如何做到与人"共情"？

4. 在 2020 年 11 月播出的一期《可凡倾听》中，主持人曹可凡采访了钟南山院士。请根据下面这段内容节选来分析，在这次采访中，主持人是如何让谈话逐步深入的？用了哪些提问技巧？主持人的提问风格如何设定？

曹可凡：我们通常会讲一个人要成功，讲智商，讲情商，其实你提出一个特别不错的概念，叫作挫商。其实一个人在成长的过程当中啊，怎么去经历这个挫折，忍受挫折，然后跨越那个坎。只要你跨越了错的那个坎，这样对一个人来说就是前进，所以在英国的那段留学经历，是不是对你个人的这个挫商是一个特别大的锻炼？

钟南山：肯定的肯定的，我记得印象最深就是有位讲师，当时呢，我就很想问问他一些问题，请教他一些问题，等了好几天以后，他说谈谈吧，就我问的一些问题讲得很快，嗯，我根本听不懂，翻译很快结束，那就完了，这个这种情况都激发了，我也就这些一个一个的挫折激发了，我要好好努力，好好地，这个叫什么呢？一个是语言上要提高得快点儿，另外呢就是研究里头，我找准了一个方向我还是有经验的我也能动手，所以一直在那儿坚持。这些技术员都跟我也熟悉了。

曹可凡：我听说您还是自己动手修复了一些仪器是吧？

钟南山：修复了一些，他们觉得我也很注意观察。这些技术员他喜欢什么，还做什么，比如说有个技术人特别喜欢羽毛球啊。哎我说我们中国羽毛球很好，给他介绍这个，另外有一个技术员呢喜欢游泳但是他不会游蝶泳，我那个时候就说我教你，慢慢跟他们关系就很密切，所以他有时候都愿意帮助我。

曹可凡：您的体育特长在那个时候发挥了作用。您父母都有美国留学这样的一个经历，那时候您去英国是不是常常也会跟父亲母亲或者妻子通过书信的方式来传达一些情绪给自己减压？

钟南山：那个时候没有电话因为打电话太贵了，只能写信，一次来回写信大概最少一个多月，所以写信是常有，偶然呢有时候会寄点钱。另外更重要的我觉得对我都助很大，就是我去的时候觉得很困难是语言问题，我就写信给我的父亲，我当时写信是用英文写，他回信呢总是很奇怪，第一次这么厚，后来一看结果他把我的信寄回来了，里边儿用红笔改的是哪儿错了、你的语法哪儿不对、你的表达方法不对。这些很多信都给我鼓励很大，为什么啊？因为我一看全是红笔改的，一开始有点挫折，但后来觉得你看这么好的老师，我就坚决坚持写下去。写了八九封以后吧，红笔慢慢少了，我觉得我进步了。

曹可凡：您小的时候其实是看到过父亲做实验，那种印象是不是特别深？

钟南山：他这个时候刚解放，是做病毒培养的，用小白鼠来做，那时候那个政府没有钱了，做研究工作根本没钱，他后来就用自己的工资买了很多小白鼠，也没地方养就养在家里，我们家呢，在那时候还不错，有三层，就养在天台上面，不过那个老鼠养的多嘛，就有一群老鼠味儿。所以有的时候有的人要找我们家在哪儿们，有的人说在那儿在那儿，你只要走近了以后闻到老鼠味儿就是他们家。所以这个当时呢，给我印象，他下班了以后，他要自己来换水呀，给老鼠加小米呀，当时只是觉得很有意思。但后来看他，做完了以后呢，做了解剖以后，观察它脑子啊，能够作为一个病毒的培养基呀，等等一些方面，慢慢给我很深的印象。就我在英国的时候，有时候觉得很困难的时候，就想起我父亲，你看他这么困难的时候，自己掏钱来做这个，他求什么，他就想知道一些病毒的一些分离和生长的规律。我说我也应该是这样，确实是这样，对我影响还是很大。

曹可凡：我听说您年轻的时候曾经在农村给一个肾病的孩子看病，可是你父亲跟你说了一句话，其实对你一生来说都很重要。

钟南山：我在农村是 1969 年到 1970 年。那时候我们就是文化大革命要到农村当医疗队,当时看到一个孩子有血尿,就根据症状有一位医生认为他是肾结核,给他一些治疗。回家我跟我父亲讲,因为我父亲是儿科大夫,说这个孩子怎么样怎么血尿,我们用什么药怎么样。说到一半儿我的父亲反问一句,你怎么知道他肾结核呢?这句话我就懵了,因为什么,我真的不知道。凭一个医生根据他的临床症状就认为他是肾结核,肾结核很重要,它治疗的针对性很强。他给我一个很大的震动,他就这么一句话我觉得干什么事儿说什么都得有点依据。他平时说话很少,但一讲就讲到要害。

曹可凡:所以回顾这个从小到大这个家庭教育,特别是父母对你的教育,你觉得这种教育对你来说带来最大的这个富有营养的那些想法是什么呢?

钟南山:给我最大的教育可以概括,就是一句话:当老实人做老实事,这是给我一个最大的教育。

曹可凡:因为您父亲也是医生,所以大家认为从业务上啊,父亲对您的影响更大。其实有的时候母亲在儿子的生活当中,她的那个作用非常独特。

钟南山:我母亲给我最深的印象,恐怕是对贫困的人的一个同情跟爱,她很愿意帮你。举个例子,像我在中学毕业的时候,家庭并不是说很好,我要到北京来读书,因为考上了北医嘛,很开心。有一个同学他考上北大,家里很穷,所以这个火车票真的买不起,他就跟我说,问能不能够借给他一些钱,那我回去跟我母亲讲,我母亲说我们家现在都很困难,你的钱我们都想尽办法怎么拿,怎么可能呢?后来我就说家里没有了就算了,结果没想到过两天呢,她拿了十块钱吧,那时候火车票也就不到 20 啊,都很便宜的,给我后她说你不是说你那个同学很困难吗,这个拿给他吧。那个给我到现在我都有很深的影响,这几十年工作能够团结大多数人跟大家一块儿,她给我的一个影响很有关系。

曹可凡:您觉得今天自己在业务上所取得这个成就啊,是不是觉得对父母来说,真的是一个孩子对父母最好的这个回馈?

钟南山:我想应该他们要是知道的话呢,应该觉得没白养过吧,应该是这样。

后记

　　上海视觉艺术学院播音与主持艺术专业最大的教学特点就是业内播音员主持人和高校专职教师紧密结合,共同培养有志于播音主持事业的优秀年轻人。我们许多课程教学组都是由业内资深专家和专业教师搭配组成,这本书的编委同样如此。

　　上海市教委高层次文化艺术人才工作室"方舟白宾播音主持工作室"落地上海视觉艺术学院以后,就把播音主持教材的编写列为工作室的重点项目,组织了学校的专职和兼职教师(包括部分业内专家),开始了编写工作。主编栾洪金是上海视觉艺术学院表演艺术学院的院长,曾经担任中国传媒大学播音主持艺术学院副院长,参与了中国传媒大学播音与主持艺术专业"十二五"系列教材等多部著作的编写。副主编白宾于1987年进入上海人民广播电台担任播音员,1992年,作为主持人参与创办电台的王牌节目《市民与社会》。1994年进入上海有线电视台,参与了"上海第一财经电视"的前身——上海有线电视台财经频道的创办工作。积累30年广电播音主持实践经验后,又进入上海视觉艺术学院担任专职教授,对播音主持的理论和教学进行了深入的研究。副主编方舟是中广联合会播音主持委员会副会长,上海广播电视台播音主持业务指导委员会主任,曾获得全国首届广播电视主持人金话筒奖,现在是上海视觉艺术学院表演艺术学院播音主持专业学科带头人,具备丰富的实践经验和理论基础。阳子是上海第一财经电视频道晚间王牌节目《公司与行业》主持人,2015年获得"金话筒"奖,并多次获得全国主持人论文评比大奖。李睿在上海广播电视台东方卫视和购物频道担任节目主持人和播音工作,本科和硕士分别就读于中国传媒大学和北京大学,正在攻读国际传播博士学位。王爽是东方卫视《看东方》节目主持人,曾经主持《东方大头条》《今晚》等节目。阳子、李睿和王爽都是业内具有主任播音员职称的专家,尤其比较擅长谈话类节目主持,还都在利用业余时间给学生们上课。上海第一财经电视频道的导演、著名撰稿人武斌在电视行业工作逾20年,主导制作了《股市天天向上》《第六交易日》《三两博千金》等重磅节目,对播音主持业务比较熟悉,他负责全书的统稿和润色工作,使得全书可读性更强。以上几位成员对本书的写作和编撰起了主要的作用。编委会其他成员也都在承担大量本职工作的基础上,为本书的写作与出版出谋划策,尽心尽力,提供素材并提出了许多宝贵的建议,做了大量的工作。

在本书的编撰过程中,收集整理了大量的电视或广播节目提问的实例素材,针对这些素材提出了我们的看法。这些素材都经过各单元编撰者的认真选择,我们对这些素材相关节目的节目组所有成员表示诚挚的感谢和崇高的敬意!我们对相关实例的分析中提出的观点不一定完全准确,但是我们相信,问题的提出一定会引起学生和老师们的关注,在学习和讨论的过程中,大家会逐渐找到正确的、良好的提问方式,以帮助学生们提高他们的学业水平和主持能力。我们的某些观点,特别是部分批评意见,如有不当之处,请多多谅解,也欢迎批评和交流。

在编写过程中,以上海视觉艺术学院学生为主的一些年轻人做了大量的资料整理工作,他们是:陈清、肖天宇、丁曼茜、王美钰、陈榕、张艺宁、高美慧、江洪琳、顾佳雯等,也向他们表示衷心的感谢!

编者

2022 年 6 月

参考文献

吴郁《提问:主持人必备之功》中国广播电视出版社 2008 年 1 月

杨澜《提问》浙江文艺出版社 2020 年 3 月

王志《采访课》山东人民出版社 2020 年 9 月

范长江《通讯与论文》新华出版社 1981 年 2 月

张笑恒《白岩松的说话之道》青岛出版社 2015 年 5 月

于富荣　周婷《提问的艺术》中国法制出版社 2019 年 7 月

高飞《提问的逻辑》湖北科学技术出版社 2018 年 3 月

[美]安德鲁·索贝尔,杰罗德·帕纳斯《提问的艺术》中国人民大学出版社 2014 年 1 月

[美]托尼·斯托茨福斯《提问的威力》华夏出版社 2014 年 1 月

[美]赫伯特·J.鲁宾,艾琳·S.鲁宾《质性访谈方法:聆听与提问的艺术》重庆大学出版社 2010 年 5 月

[日]粟津恭一郎《学会提问》北京联合出版公司 2017 年 7 月

陈茜　曲玮婷."高端知性"与"幽默亲和"的风格比拼.边疆经济与文化,2015(6)

党毅峰.电视节目主持人采访中的角色定位与提问技巧.新闻研究导刊,2015(7)

曹莉.　浅析电视谈话节目主持人的提问策略.华北水利水电学院学报,2009(2)

谈晓明.主持人现场提问的语言艺术.湖北社会科学,2010(7)

杨德祥.浅谈电视访谈类节目的提问艺术.新闻研究导刊,2014(8)

毛馨莹.论电视谈话类节目主持人的提问艺术.中国科技博览,2013(33).

黄连实.访谈类节目主持人提问艺术策略.科技传播,2013(17).

雷越.访谈类节目主持人的提问艺术方法探析.新闻传播,2013(6).

凌宁宁.主持人提问的方法与技巧.开封教育学院学报,2014(5)

李春姬　魏立.主体话语结构中主持人的提问策略分析.外语学刊,2010(3)

图书在版编目（CIP）数据

主持人提问艺术/栾洪金，白宾主编；方舟副主编.
—上海：上海三联书店，2023.12
ISBN 978-7-5426-8272-7

Ⅰ.①主… Ⅱ.①栾… ②白… ③方… Ⅲ.①主持人
—语言艺术 Ⅳ.①G222.2

中国国家版本馆 CIP 数据核字（2023）第 193658 号

主持人提问艺术

主　　编／栾洪金　白　宾
副 主 编／方　舟

责任编辑／王　建　陆雅敏
装帧设计／孙一娴
监　　制／姚　军
责任校对／林佳依

出版发行／上海三联书店
　　　　　（200030）中国上海市漕溪北路 331 号 A 座 6 楼
邮　　箱／sdxsanlian@sina.com
邮购电话／021-22895540
印　　刷／上海展强印刷有限公司

版　　次／2023 年 12 月第 1 版
印　　次／2023 年 12 月第 1 次印刷
开　　本／710mm×1000mm　1/16
字　　数／180 千字
印　　张／13
书　　号／ISBN 978-7-5426-8272-7/G·1695
定　　价／49.00 元

敬启读者，如发现本书有印装质量问题，请与印刷厂联系 021-66366565